Petra Kunik

# *Der geschenkte Großvater*

Schalom
u.
Frohe Weihnachten
wünscht
Kunik
P.

Braunschweig
2.12.1989

Petra Kunik

# *Der geschenkte Großvater*

Eine jüdische Kindheit
im Nachkriegsdeutschland

*Büchergilde Gutenberg*

Die Bildrechte liegen bei Peter Maser, Münster,
außer dem Bild auf Seite 27 (Rafael Herlich, Walldorf)
sowie den Bildern auf den Seiten 133 und 139 (Walter Zadek).
Ausstattung Angelika Richter, Mainz
Satz Dörlemann Satz, Lemförde
Druck und Bindung Kösel, Kempten
Printed in Germany 1989
ISBN 3 7632 3655 4

# *Inhalt*

*Vorwort* 7
Erinnerungen … 9
Sabbat 12
Die neue Synagoge 23
Die hohen Feiertage 35
Die Laubhütte 42
Jankel Spielmann aus Amerika 51
Vom Lernen 66
Simchat-Tora 73
›Weihnukka‹ 80
Purim 96
Pessach 112
Erez Israel 129
*Verzeichnis hebräischer und jiddischer Ausdrücke* 143

# *Vorwort*

In diesem Buch erzähle ich die Geschichte einer jüdischen Kindheit – meiner Kindheit – in einer deutschen Stadt nach dem Krieg. Mit diesen Kindheitserinnerungen möchte ich den Leser unterhalten, manchmal auch nachdenklich stimmen – und dabei mit dem jüdischen Alltag in der Bundesrepublik, dem jüdischen Brauchtum und den jüdischen Feiertagen vertraut machen. Erzählt wird vom *Tate*, dem Vater, der an den jüdischen Traditionen festhält und die jüdischen Feiertage mit ihrem festlichen Familiencharakter liebt. Der uns mit seinen anschaulichen Erzählungen in die bunte Welt der jüdischen Märchen und Sagen führt und durch seine lebendigen Bibelerzählungen den Sinn der jüdischen Feiertage lebendig werden läßt. Erzählt wird von der *Mame*, der Mutter, einer Kennerin der jüdischen Literatur, die der Buchführung mehr als der Haushaltsführung zugetan ist, und ihren ›fast‹ koscheren Kochkünsten. Und von Erna, ›meiner‹ Erna, unserer hochgewachsenen, heißgeliebten katholischen Hausperle, die mich zu der Erkenntnis führt, daß es verschiedene Religionen gibt.

Erzählt wird schließlich auch vom geschenkten *Seide*, dem Großvater, der aus dem fernen Amerika gekommen ist, um nach Familienangehörigen zu suchen, die vielleicht den Holocaust überlebt haben. Er muß feststellen, daß sich auch in unserer Familie die Spuren verlieren und ins Leere führen. Aber Kinder verkörpern Hoffnung, und so schenken mir die Erwachsenen diesen liebevollen *Seide*, der die Erfahrungen des *Stetl* und die fröhliche Frömmigkeit der *Chassiden* in unsere Familie einbringt.

Die Kapitel dieses Buches sind nach dem jüdischen Festtagszyklus geordnet, und wer sich über die Bedeutung einzelner Bräuche und religiöser Handlungen schnell informieren möchte, kann im »Verzeichnis jiddischer und hebräischer Ausdrücke« am Ende dieses Buches nachschlagen, wo er, sagen wir, *Mazze* oder *Schofar* erklärt findet.

Zur Illustration der jüdischen Bräuche hat Peter Maser aus seiner Sammlung alter jüdischer Postkarten (Sammlung Ulrich Gerhardt) einige alte Bilder beigesteuert, wofür ich ihm herzlich danke. Diese Bilder können sich natürlich nicht unmittelbar auf die Erzählung beziehen, die ja vor gar nicht so langer Zeit spielt. Um so besser zeigen sie, daß es alte Traditionen sind, die heute noch das Leben einer jüdischen Familie, zumindest an Festtagen, bestimmen – auch wenn da sicher manchmal, wie damals bei uns, ein bißchen ›improvisiert‹ wird.

*Petra Kunik*

# *Erinnerungen ...*

Meine erste Erinnerung ist die lange Parkettkorridor-Straße, die unsere beiden ineinandergehenden Wohnungen verbindet und auf der ich meine ersten Gehversuche, von der Wohnung in die Büroräume, unternehme.

Im Büro treffe ich meine Mutter, die *Mame*, meist telefonierend und organisierend an ihrem Schreibtisch. Vor ihr spuckt die monströse Rechenmaschine endlos lange Papierschlangen aus, die ich auf keinen Fall zerreißen darf.

Ihr gegenüber sitzt Frau Weis, die hagere Sekretärin mit dem interessanten Flaum auf der Oberlippe, und entlockt der Schreibmaschine hektisches Geklapper – und am Ende der Zeile ein lustiges ›Kling‹.

Ich sehe den Prokuristen unserer Firma in seinem blauen Kittel. Er ist mit nur einem Bein aus dem Krieg nach Hause gekommen. Das schien ihn sehr ungeduldig und mürrisch gemacht zu haben.

Für mich hat er immer scharfe übelschmeckende Kräuterbonbons in seinen Kitteltaschen, die ich artig aus dem Papier wickele und vor seinen Augen mutig in den Mund schiebe. Dann laufe ich so schnell wie möglich los, um sie unbeobachtet wieder auszuspucken. Die Mame versichert, daß die Bonbons gut und gesund seien.

Dann unsere schwungvollen Vertreter, die sich durch temperamentvolles Klingeln an der Wohnungstür ankündigen, um dann meiner Erna die letzte Tasse Kaffee abzuschäkern und sich rauchend in die Sitzgruppe zwischen Wohnung und Büro fallenzulassen. Mir erzählen sie lustige Erlebnisse von ihren Touren, und Erna und Frau Weis flüstern sie Witze zu, die den Damen rote Wangen zaubern. Der Mame bringen sie ärgerliche Abrechnungen mit, die nie zu stimmen scheinen, und für meinen Vater, den Tate, meistens schwarze Zigarren.

Der Tate sitzt am liebsten zurückgezogen in seinem ruhigen Büro mit den dicken Teppichen, dem wuchtigen Schreibtisch aus Eiche und dem hohen Bücherregal. Ich bin am liebsten bei meiner Erna in der Wohnküche.

Ach, ja, ›meine‹ Erna! Ich kann mich nur daran erinnern, daß Erna, unsere katholische ›Hausperle‹, schon immer bei uns gelebt hat.

Aber Erna weiß es besser; erzählt sie doch zu gerne, wie sie mich kennengelernt hat ... Ich war so alt wie die Nachkriegszeit jung war, so zweieinhalb Jahre. Die Lebensmittel waren knapp und Süßigkeiten eine Rarität. Also musterte ich die mit ein Meter dreiundachtzig ungeheuer große Frau, die ab jetzt Mames ungeliebte Hausarbeit und das Kochen übernehmen sollte, und fragte herausfordernd: »Kannst du Pudding kochen mit nix?« Erna konnte und kochte sich in unsere Herzen. Bei der Hausarbeit sang sie gerne Lieder, in denen sich ihre Stimmung oder die Jahreszeiten widerspiegelten. Ich liebte Erna bald so sehr, daß ich ihr das besitzergreifende ›meine‹ vor den Namen setzte.

# *Sabbat*

Erinnerungen …

… an den Sabbat, an den hektischen Freitag als Vorspiel zum besinnlichen, wohligen Sabbatabend.

Eigentlich fingen die Vorbereitungen spätestens am Donnerstag nach dem Abendessen an. Dann nahmen die Mame und meine Erna ihre Erwägungen über den Sabbatspeiseplan auf. Huhn oder lieber Rinderbrust? Noch besser Fisch oder … oder?

Nach längerem bis langweiligem Hin und Her wendet sich meine Mame an den Tate: »Maxel, sag du doch mal, was du essen magst!«

Dieser zieht genüßlich an seiner Abendzigarre, hüllt sich in schützenden Rauch, um dann nach längeren Überlegungen zu äußern: »Das macht ihr schon richtig!«

Am Freitagmorgen wache ich immer etwas früher als sonst auf. Die Geruchsfahne von gebackenem Weißbrot, den *Berches*, schwebt über den langen Korridor durch das Schlüsselloch in mein Zimmer.

Noch im Halbschlaf taumele ich in die Küche. Nie habe ich es geschafft, meine Erna beim kunstvollen Flechten des Teigs – das Sabbatbrot ist ein dicker Zopf aus mindestens vier Strängen – zu überraschen, obwohl ich immer sofort in die Küche lief. Die Hälfte des großen Küchentischs war dann noch mehlbestäubt – ebenso die Augenbrauen und die Haare meiner Erna.

Bei meinem Eintreffen in der Küche öffnet Erna vorsichtig, sehr vorsichtig, die Ofentür und gibt so den Blick auf die Sabbatbrote frei. Sofort legt sie mahnend den Finger auf ihren Mund und erstickt so meine Entzückungsrufe, holt einen kleinen goldgelben Zopf aus dem heißen Dunkel, den sie zwischen der rechten und der linken Hand hin und her wirft und so zum Tisch balanciert. Dann schließt sie vorsichtig, sehr vorsichtig, wieder den Ofen und atmet erleichtert aus. »Die Hefe verträgt keine Erschütterung und keinen Krach bei ihrer Arbeit des Backens und Ausdehnens«, erklärt sie mir geheimnisvoll flüsternd und bestreicht den kleinen Zopf für mein Frühstück mit blauem, dickem Pflaumenmus.

Meine Mame verläßt mit mir am Freitagmorgen die Wohnung, um einkaufen, oder wie das in meiner Vorschulzeit noch hieß: ›beschaffen‹ zu gehen. Nach dem schrecklichen Krieg waren die Lebensmittel in Deutschland sehr knapp, und die Beschaffung einer Mahlzeit, von einem Sabbatmahl gar nicht zu sprechen, war meistens gar nicht einfach.

Alles, was meine Mame dann doch noch ›beschaffen‹ konnte, verschwand in die großen Töpfe, die den ganzen Freitag unter Dampf standen und ihre klappernde, pfeifende Melodie in der Wohnküche verbreiteten. Das Mittagessen fiel zu meiner großen Freude an diesem Tag zugunsten von Kunsthonigbroten aus.

Ich war immer schon ein rechtes ›Lecker-schlecker-klecker-Mäulchen‹, wie mich Erna scherzend jedes Mal beim unangenehmen Mundabputzen titulierte.

Am Nachmittag mußten wir alle baden, um die Königin Sabbat sauber willkommen zu heißen.

Vor der abendlichen Dämmerung decken wir Frauen festlich den runden Eßtisch im Wohnzimmer. Süßer Rotwein und Ernas goldgelbe mit Mohn bestreute Sabbatbrotzöpfe werden auf der Tafel plaziert. Der Berches wird unter einer weißen Serviette versteckt. Feierlich holt die Mame den ziselierten silbernen Weinbecher sowie die beiden Sabbatleuchter aus dem Glasschrank. Indessen verstaut der Tate Käppchen und Gebetbuch in dem samtenen Bauch seines Synagogensäckels und geht zum *G'ttesdienst**. Lang wird mir immer die Zeit, bis er zurückkommt.

Stets fröhlich kommt der Tate am Freitagabend aus der Synagoge nach Hause, als hätte er seine

* *In einem jüdischen Text darf der Name des Höchsten nicht ausgeschrieben sein*

No. 49 Regina Mundlak Lichtbenschen

Kunstverlag Phönix, Berlin

Sorgen oder seinen Ärger dort abgegeben. Mit ihm zieht die g'tterkorene Braut Sabbat in unsere Wohnung ein. Er begrüßt uns mit: »*Schabbat schalom.*« Schalom ist wohl das erste hebräische Wort, das ich lernte, und bedeutet Frieden.

Meine Mutter antwortet auf jiddisch: »Git Schabbes.« Segnend legt der Tate seine Hände auf meinen Kopf und *benscht* mich mit den Worten: »Es mache dich G'tt wie Sara, Rebekka, Rachel und Lea!«

Wir stehen alle am Tisch und singen: »Schabbat Schalom, Schabbat Schalom ...«

Die Mame zündet die Sabbatlichter an, dann hält sie ihre Hände vor die Augen, die Handflächen den Lichtern zugewandt. So spricht sie im hebräischen Singsang den *Kiddusch*, den Segen, über das Licht. Dann breitet sie ihre Hände nach rechts und links aus, und verteilt auf diese Weise die lichte Sabbatfreude in alle Winkel.

Der Tate füllt den Weinbecher, stellt ihn auf seine rechte Hand und spricht den Kiddusch über den Wein, danach trinkt er einen Schluck und reicht den Becher in unserer kleinen Runde weiter. Auch ich darf an dem Wein nippen. Nun nimmt der Tate das Tuch von dem Sabbatbrot, spricht den Segen und bricht den Berches in Stükke. In Salz gestippt verteilt er die Köstlichkeit unter uns. Jetzt kann das Sabbatmahl beginnen.

An diesem Abend und den ganzen Samstag

behält mein Vater sein Käppchen auf dem Kopf, denn zumindest bei religiösen Handlungen soll der Jude seinen Kopf bedecken, und der Sabbat ist der heilige Tag, der uns erinnert an die göttliche Weltschöpfung.

Nun stellt Erna die dampfenden Köstlichkeiten aus den Töpfen auf den Tisch, und ein langer festlicher Abend beginnt, an dem Tates geliebte Abendzigarre unangezündet zwischen seinen Lippen hopst, da am Sabbat, der mit dem ersten Stern am Himmel beginnt, kein Feuer mehr entzündet werden darf.

Das Essen für den kommenden Tag, meistens ein dicker Erbsen- oder Bohneneintopf, in dem fettes Rinderfleisch schwimmt, ist in der warmhaltenden Kochkiste eingesperrt und mit einem Federdeckbett eingepackt. Das Geschirr türmt sich unabgewaschen im Spülbecken, denn am Sabbat sollen wir Juden und wer zu unserem Haushalt gehört nicht arbeiten.

Oft erzählte der Tate meiner Mutter, Erna und mir am Sabbatabend im Schein der Kerzen jüdische Märchen.

Zum Beispiel dieses:

*Warum die Juden im Gegensatz zu vielen anderen Völkern ihren Kalender nicht nach der Sonne berechnen, sondern nach dem Mond – weshalb auch alle jüdischen Feste am Abend beginnen.*

*»Als die Schöpfung fast vollendet war, setzte der Ewige, gepriesen sei sein Name, Sonne und Mond gleich groß, gleich golden und herrlich ins Firmament, damit sie im gleichberechtigten Wechsel die Erde erhellten und erwärmten. Aber der Mond war nicht zufrieden. Er trat vor den Thron des Ewigen und sprach: ›Es ist nicht gut, daß zwei Könige von Deinem Himmelszelt auf die Erde strahlen. Hast Du die Welt nicht so eingerichtet, daß sich der eine dem anderen unterordnen muß?‹*

*Diese Worte grämten den Ewigen, wollte er doch Zufriedenheit und Frieden für alle – und nun beherrschte Neid den Mond.*

*Traurig sprach er also: ›Weil du der Sonne ihren Glanz und ihre Wärme neidest, wird dich dein Neid zerfressen. Einen Teil von Dir werde ich in Millionen und Milliarden Sterne verwandeln, du wirst kleiner werden und in ihrem Licht erblassen! Ferner sollst du im Schatten der Erde stehen und dein Licht von der Sonne empfangen.‹*

*Kaum waren die Worte gesprochen, begann der Mond zugunsten der Sterne zu schrumpfen. Die Erde schob sich zwischen Sonne und Mond und belegte so den Neider mit ihrem Schatten. Da klagte und flehte der Sünder um Gnade.*

*Also sprach der Ewige: ›Mein Wort kann ich nicht mehr zurücknehmen, aber Trost will ich dir schenken. Eine Freude seien dir die Sterne aus deiner Materie, die dich fürder umgeben. Und die Juden werden Jahr und Tag nach dir berechnen und mit dem Aufgehen des ersten Sterns ihre Feiertagslichter entzünden.*

Neumondgebet.

P. G. i. F. ges. gesch. 45

*So wird mein Volk nie vergessen, daß Neid auch das hellste Licht erblassen läßt.‹«*

»Ja, so war das«, endete der Tate die Geschichte. Doch eine Frage hatte er noch immer für uns.

»Wißt ihr, wann der Mond glücklich und wann er am glücklichsten ist? – Na, ich seh' schon, also paßt auf!

Natürlich in der Zeit des zunehmenden Mondes, wenn die Erde auf ihrem Himmelsweg langsam, langsam ihren Schatten von ihm zurückzieht, bis er als vollkommen glücklicher Vollmond in unsere Fenster scheint. In dieser Zeit beten wir Juden ein besonderes Gebet.«

Der Samstag war ein ruhiger Tag. Nach dem Mittagessen saß der Tate fast die ganze Zeit in dem weinroten Ohrensessel neben der Balkontür im Wohnzimmer und studierte.

Meistens den *Talmud*, eines der dicken Bücher, in denen die Diskussionen der großen Rabbiner über die Auslegung der rechtlichen, religiösen und anderen Regeln im jüdischen Leben niedergeschrieben sind. Manchmal seufzte der Tate: »Wenn doch nur endlich unser Prophet Elias wieder unter uns wär', denn seine Gelehrsamkeit ist unerschöpflich!«

Meine Mutter las, wie mein Tate mißbilligend feststellte, ›Liebesromane‹. »Aber Maxel, ich lese

Verlag A. J. Hofmann, Frankfurt a. M.
Sabbat-Nachmittag
fec. M. Oppenheim

jiddische Literatur«, äußerte meine Mame ein wenig entschuldigend. Diese kleine Reiberei dauerte immer so lange, bis der Tate seine Brillengläser poliert hatte, und endete mit seiner ironisch-liebevollen Feststellung »Ej we, Frauenlogik!«

Ich lag meistens auf dem mit Ornamenten verzierten Teppich auf dem Bauch, in Bilderbücher oder große Bildbände vertieft. Am liebsten aber saß ich in diesen friedlichen Stunden auf Tates Schoß.

Der Tate murmelte mir dann die unverständlichen hebräischen Wörter aus seinem Gebetbuch ins Ohr, mit seinem langen Zeigefinger den ordentlich aufgereihten hebräischen Buchstaben folgend. Dabei wiegte er seinen Oberkörper rhythmisch auf und ab. Erna schlich in diesen gelehrsamen Stunden der Sabbatruhe sehr leise durch die Wohnung. Später führte sie mich dann in den Zoo oder in den Palmengarten aus.

# *Die neue Synagoge*

Als ich fünf Jahre alt war, wurde die Westend-Synagoge in Frankfurt am Main neu geweiht, und ich durfte die Mame zur Feierstunde begleiten.

»Das wird ein großer Tag für uns Juden in Frankfurt«, jubelte die Mame schon Tage vorher. »Jetzt bekommen wir nach all der schweren Zeit wieder ein repräsentatives G'tteshaus, und Petra kann die Feiertage an meiner Seite in der Synagoge verbringen.« Meine Erna hatte weinroten Samt beschafft und zauberte mit Nadel und Faden ein Kleid für mich. Das Oberteil gesmokt mit Puffärmeln, den Hals umspielte ein weißes Krägelchen aus einem Stück Brüsseler Spitze, das dem unteren Teil von Mames Bluse abstibitzt war.

Erna striegelte mein blondes Haar rücksichtslos und band es so fest zu einem Pferdeschwanz zusammen, daß mir die Tränen in die Augen traten; aber kein Klagelaut kam über meine Lippen. »Wer schön sein will, muß leiden«, meinte sie trocken, als sie mein schmerzverzerrtes Gesicht sah. Zum Schluß der Prozedur arrangierte sie eine riesige rosa Schleife um den Pferdeschwanz. Weiße Kniestrümpfe und Lackschuhe rundeten das Bild ab. Erna trat zwei Schritte zurück und inspizierte kritisch ihr Werk; danach führte sie mich zufrieden in das Schlafzimmer meiner Eltern.

Die Mame stand dort vor dem Spiegel. Ihre verkürzte Spitzenbluse steckte im Plisseerock ihres dunkelblauen Kostüms. Nervös versuchte sie den großen schwarzen Florentinerhut mit Haarnadeln auf ihrem widerborstigem Kraushaar zu befestigen. Ich trat stolz neben sie in das Spiegelbild, um mich zu betrachten. Die Mame blickte erst einmal verdutzt in den Spiegel, dann drehte sie sich zu mir um und bekam einen Lachanfall.

Meine Erna und ich verstanden Mames plötzliche Albernheit nicht.

»*Très chic*, sehr schick, mein *Kleiniken*, was die Erna aus dem Stoff gezaubert hat, unvorstellbar *Haute Couture*! Nun schaut doch nicht so wie begossene Pudel«, gluckste die Mame immer noch vor Lachen. »Nur diese Schleife, also ich weiß nicht so recht; glaubt ihr, daß wir uns von ihr trennen können? Ich finde, Petra sieht dadurch ein wenig wie ein Ostergeschenkei aus, wir verstecken den Gummi vom flotten Pferdeschwanz vielleicht lieber unter meiner Schmetterlingsbrosche. Die Rubinsplitter passen gut zum weinroten Kleidchen.«

So geschah es dann. Ich hopste glücklich von dem Gefühl, ungeheuer schön zu sein, wie ein Floh durch die Wohnung.

Ein Wermutstropfen in unserer gehobenen Stimmung war ein Anruf; der Tate saß genervt und traurig in Straßburg fest, wo er mit unserem neuen Geschäftsfreund konferiert hatte. Sein Auto war kaputtgegangen! »Ausgerechnet!« bemerkte die Mame nach dem Anruf immer wieder und warf böse Blicke in Richtung Telefon. Und ich japste hopsend: »So schön wie heute werde ich nie, nie wieder sein, und der Tate sieht mich nicht.«

Natürlich kamen wir wieder zu spät aus dem Haus; die Mame mußte noch Puder auflegen und sich im letzten Moment die Nägel lackieren. So liefen wir hektisch durch die Straßen. Die Mame wedelte ihre roten Nägel durch die Luft, um das Trocknen des Lackes zu beschleunigen. Ich hetzte tapfer mit meinen kurzen Beinen hinterher, und trug ihr die Handschuhe und die Handtasche mit dem Gebetbuch ›Für jüdische Frauen und Mädchen‹ nach.

Die neuen Lackschuhe drückten etwas, aber ich achtete nur auf Mames Hut, der wie ein Kahn auf stürmischer See schaukelte, aber – unvorstellbar – doch nicht herunter fiel.

So eilten wir bestimmt eine halbe Stunde quer durch die Stadt, bis wir die Westendsynagoge erreichten.

An der Ecke atmeten wir etwas aus; die Mame zupfte ihr Kostüm zurecht und zog meine Kniestrümpfe wieder in die Höhe. Sie streifte einen Handschuh über, den anderen behielt sie in der Hand, die jetzt auch ihre Handtasche trug.

Natürlich schritten wir dann doch viel zu früh durch das große Eingangsportal des massigen Baus der Synagoge.

Die Mame ließ mir keine Zeit, in dem kleinen Innenhof mit dem Springbrunnen zu verweilen, sondern zog mich weiter durch den langen Gang an der Garderobe vorbei. Hier begann die Mame nervös in ihrer Tasche nach der Einladung zu wühlen.

Ich sah Kerzen hinter einer halbgeöffneten Tür auf einem Tisch stehen, viele angezündete rotflackernde Kerzen. Einer Eingebung folgend stürzte ich auf sie zu. Kerzen kannte ich ja schließlich aus dem Dom, in den mich meine Erna zwei, dreimal mitgenommen hatte, und nun konnte ich beweisen, was ich schon alles ›religiös‹ gelernt hatte.

Ich stürzte an den Tisch mit den Jahreslichtern für unsere Verstorbenen, knickste vor den Lichtern, bekreuzigte mich auf das heftigste, faltete die Hände und kniete vor den Kerzen nieder.

Die Mame bekam einen sehr roten Kopf.

Ein Herr mit Gebetsmantel und festlichem Käppchen auf seinem grauen Haar zerrte mich auf die Beine und führte mich zu meiner Mame, die immer noch wie angewurzelt vor der Tür stand.

Sie lächelte den Herrn unbeholfen an: »Danke!«

*Die Frankfurter Westend-Synagoge*

Dieser fragte etwas konsterniert: »Haben Sie eine Einladung?«

»Ja hier ... danke.« Meine Mutter schien sehr durcheinander zu sein. Ich lächelte den Herrn etwas blöde an und hoffte doch noch ein wenig Sympathie zu gewinnen.

Tatsächlich streichelte er mir über den Kopf und fragte mich: »Na, Kleine, bist du katholisch?«

»Nein, wir sind Juden«, antwortete ich stolz.

Der Herr konnte sein Lachen nur noch zurückhalten, indem er sich auf die Unterlippe biß: »Es wird Zeit, daß wir wieder einen richtigen Tempel hier in Frankfurt haben und du weißt, wo du hingehörst, mein Kind.«

»Danke nochmals«, sagte meine Mutter verunsichert, »wir gehen jetzt auf die Frauengalerie.«

»Das ist heute nicht nötig, meine Damen, Schalom«, verabschiedete uns der Herr jetzt erkennbar amüsiert.

Erleichtert antworteten wir: »Schalom.«

Die Mame nahm meine Hand so fest in die ihre, daß es schmerzte, und schleppte mich erst einmal in die Damentoilette, kramte die Puderdose aus ihrer Handtasche, begann energisch ihr Äußeres zu richten und mich zu instruieren: »Ich glaube, daß du jetzt ein großes jüdisches Mädchen bist und nicht mehr mit Erna in die Kirche gehen solltest! Wir sind Juden und gehen in die Synagoge, hier ist alles ein wenig anders. Die Männer sitzen zum Beispiel von den Frauen getrennt unten in der Männerabteilung der Synagoge. Wir Frauen sitzen auf der Empore, damit wir die Männer durch unsere Schönheit nicht verwirren und so vom Beten ablenken.

Heute ist kein Feiertag, sondern eine Feierstunde hier in der Synagoge. Viele wichtige nichtjüdische Persönlichkeiten sind eingeladen worden. Sie haben uns geholfen, daß der alte, zerstörte und geschändete Tempel wieder seiner Bestimmung übergeben werden kann. So sitzen heute auch Frauen unten bei ihren Männern, aber keiner bekreuzigt sich, und auch auf die Knie fällt wohl außer dir hier niemand. Die Hände werden während des jüdischen G'ttesdienstes nicht gefaltet, nur wenn zum Beispiel die *Tora* aus dem Schrein gehoben wird, erheben wir uns von unseren Plätzen.

Jetzt sei nicht traurig, ich hätte dir das wirklich vorher erklären müssen.«

Die Mame umarmte mich liebevoll. »Nun ist es aber wirklich spät geworden, und die Feierstunde muß jeden Moment anfangen. Komm, einiges kann ich dir ja noch auf der Galerie erklären.«

Als wir die Tür öffneten, kam uns gedämpfter Lärm von vielen Stimmen entgegen, so als wäre die Lehrerin vor das Klassenzimmer gerufen worden.

Ich zupfte die Mame am Arm und flüsterte ihr

ins Ohr: »In der Kirche darf niemand sprechen; nur singen oder beten.«

»Auch das ist bei uns etwas anders«, erklärte die Mame, »in der Synagoge darf immer ein wenig geredet werden, aber leise. Nur Mut, jetzt können wir nicht mehr viel falsch machen!«

Meine Mutter wurde von vielen Seiten begrüßt, und mir schien es, als würde ich von allen Seiten in Augenschein genommen, dann für gut befunden. Immer mehr Frauenhände begannen mir den Kopf zu streicheln oder, noch schlimmer, liebevoll in die Wangen zu kneifen. Ich hörte immer wieder: »Ach, das ist die Petra«, und Damen von Mames Bridgerunde drückten mir sogar nasse Küsse ins Gesicht.

Ich war erleichtert, als sich die Mame endlich auf einen Platz in der ersten Reihe setzte und ich auf ihrem Schoß Schutz vor den aufdringlichen Frauenhänden fand. »Heute, während der Feier, singt hier ein Chor und spielt die Orgel; bei Feiertags-G'ttesdiensten gibt es das alles nicht«, unterrichtete mich die Mame.

Gebannt schaute ich von der Balustrade herunter auf das Leben in der Männerabteilung. Alle Männer hatten ein Käppchen oder einen Hut auf ihrem Kopf. Manche Männer standen schon im Gebet vertieft, ihre Gebetsmäntel um die Schultern und ihre aufgeschlagenen Gebetbücher in den Händen. Andere saßen schweigend oder

*Toraschrein*

schwatzend auf ihren Stühlen, als der Chor, von der Orgel begleitet, die Feier eröffnete.

Mein Blick verfing sich fasziniert in dem bestickten Vorhang an der Stirnwand der Synagoge mir gegenüber. Blauer Samt, mit Sternchen bestickt und zwei aufrechtstehenden Löwen in Gold. Die Wappentiere des Stammes Juda halten die Toratafeln zwischen sich in die Höhe. Über den Löwen, deren rote, aus dem Maul gestreckte Zungen gleich Flammen auf die Inschrift der Tafeln weisen, schwebt eine Krone, ebenfalls in Gold gestickt.

Die Mame folgte meinem Blick und flüsterte mir erklärend ins Ohr: »Uns gegenüber liegt die Ostwand, die weist zum alten Tempel nach *Jeruschalajim.* Siehst du die rote Lampe? Das ist das *Ner Tamid*, das ewige Licht. – Und unter ihr der schön bestickte Vorhang?« Ich nickte. »Hinter ihm befindet sich der *Aron ha-Kodesch.*« Ich schaute meiner Mutter hilfesuchend ins Gesicht. »Der Toraschrein! Ein liebevoll ausgestatteter Schrank, der den kostbarsten Besitz jeder jüdischen Gemeinde aufbewahrt, unsere *Torarollen.* Das Wort des Ewigen, die fünf Bücher Mose, handgeschrieben mit pechschwarzer Tinte auf Pergamentrollen.«

Während der nun für mich endlos langen Begrüßungsreden wanderten meine Augen weiter durch den Raum, der nun, nach der Schlüsselübergabe des Architekten an die jüdische Gemeinde, auch meine Synagoge werden sollte. Den Toraschrein umrahmt das mit Dreiecken im Davidsternmuster ausgelegte Steinmosaik mit seinen sechs Löwen, auf jeder Seite drei, die gelassen, aber sprungbereit den teuersten Schatz unserer Gemeinde zu bewachen scheinen.

Schwindlig wurde mir, als ich in die unendlich scheinende blau-weiße Mosaikkuppel hinaufschaute. Langsam wanderte mein Blick dann den riesigen Kronleuchter entlang, der gleich einer dicken Träne, gebildet aus Tausenden Kristallen, von der sich im Himmel verlierenden Kuppel wieder zurück zum Synagogenmittelpunkt weist.

»Ach, jetzt siehst du auf das Podest mit dem Lesepult, das ist die *Bima*, von ihr wird beim G'ttesdienst die Tora gelesen«, bemerkt die Mame.

Plötzlich beginnt der Chor, begleitet von der Orgel, mehr als zuvor zu jubilieren; alle erheben sich von ihren Plätzen. Rollenpakete werden von Männern feierlich durch den unteren Synagogenraum getragen. »Das sind unsere Torarollen«, flüstert mir die Mame ins Ohr. »Jetzt ruhen sie noch, mit Bändern sorgfältigst verschnürt, in ihren bestickten Hüllen.«

Die Männer versuchen mit einer Ecke ihres Gebetsmantels die vorbeigetragenen Torarollen zu streifen und küssen danach innig den Zipfel, der die Tora berührt hat. Auf den Stöcken, um die die Pergamentstreifen der Tora gerollt sind, stecken silberne Kronen, und ein kunstvoll beschlagenes Schild hängt schützend vor den Rollen. Bewegt flüstert die Mame: »Jetzt bereiten wir unseren Torarollen einen königlichen Empfang.«

Abends in meinem Bett kann ich, von all den Aufregungen noch voll, nicht einschlafen. Im Halbschlaf lausche ich dem engelhaft-zarten Klang der silbernen Glöckchen an den Torakronen nach, bis mich das Lachen der Mame und meiner Erna hellwach werden lassen.

Ich laufe auf den Korridor und höre, wie Erna unter Gelächter versichert: »Das tut mir leid!«

Die Mame schüttet sich aus vor Lachen: »Da kannst du doch nichts dafür, Erna, daran zeigt sich nur, daß die Petra eine schnelle Auffassungsgabe hat. Ach, wenn das der Tate hört, der kugelt sich bestimmt!«

# *Die hohen Feiertage*

In der kommenden Zeit vermisse ich den Tate beim Frühstück oft. Auf mein unwirsches Fragen nach ihm höre ich, daß er zum Morgengebet in die Synagoge gegangen ist.

»Daran ist nur der neue Tempel schuld«, motze ich. »Petra«, mahnt die Mame scharf, »wir befinden uns in der ernsten Zeit der Vorbereitung auf das jüdische neue Jahr. Am Neujahrstag *Rosch Haschana* ruft das *Schofar* in der Synagoge zu Buße und Umkehr.«

Auf meine ungeduldige Frage: »Was ist das Schofar?« stellt die Mame ihre Kaffeetasse ab und erklärt ehrfürchtig: »Eine Posaune, ein Blasinstrument aus dem Horn eines Widders. Am Neujahrstag wirst du es hören. Das Schofar soll uns aufrütteln und ruft alle Geschöpfe vor das himmlische Gericht. Deshalb folgen auf Rosch Haschana die zehn Bußtage, auch Tage des Gerichts genannt. In diesen Tagen sollen wir darüber nachdenken: ›Habe ich im vergangenen Jahr wie ein guter Jude gelebt?‹ Denn in diesen Tagen sitzt der Ewige über jeden einzelnen zu Gericht und schreibt die Namen der Guten in das Buch des Lebens.

Die zehn Bußtage enden mit dem Versöhnungstag, *Jom Kippur*. Das ist unser höchster Feiertag. Während der Bußtage sollen wir uns nicht nur mit unserem Schöpfer aussöhnen, sondern auch mit den Menschen.«

Ich werde ein wenig verzagt: »Was kann ich denn dazu tun?«

»Du kannst darüber nachdenken: Wen habe ich letztes Jahr zu sehr geärgert, wem habe ich Unrecht getan? Bei diesen Menschen mußt du dich entschuldigen und sie um Versöhnung bitten.«

Den Vorabend des neuen Jahres feiern wir nicht wie Silvester mit Krachern und lauter Fröhlichkeit. Wir gehen in die Synagoge, wo sich alle ›*Schanah Towwah*‹ wünschen, das heißt: ›Zu einem guten Jahr mögest du eingeschrieben werden.‹

Zu Hause erwartet uns Erna mit Honig und Apfelschnitzen; die tauchen wir in den Bienennektar und wünschen uns ein süßes Jahr.

Als mich meine Erna ins Bett bringt, frage ich sie voll Sorge, ob sie auf mich irgendwie böse ist. Für alle Streiche und Frechheiten, die ich ihr angetan habe, bitte ich sie um Verzeihung. Sie drückt mich liebevoll in ihre knochigen Arme.

Am Morgen des Neujahrstags scheinen die Erwachsenen ewig frühstücken zu wollen. Ich stehe mit meinem blauen Mantel in der Küchentür und trete von einem Bein aufs andere. Eigentlich ist der Mantel viel zu warm für den schönen Frühherbsttag, aber er ist frisch gereinigt, und ich will in der Synagoge ›schick‹ sein. Deshalb bin ich

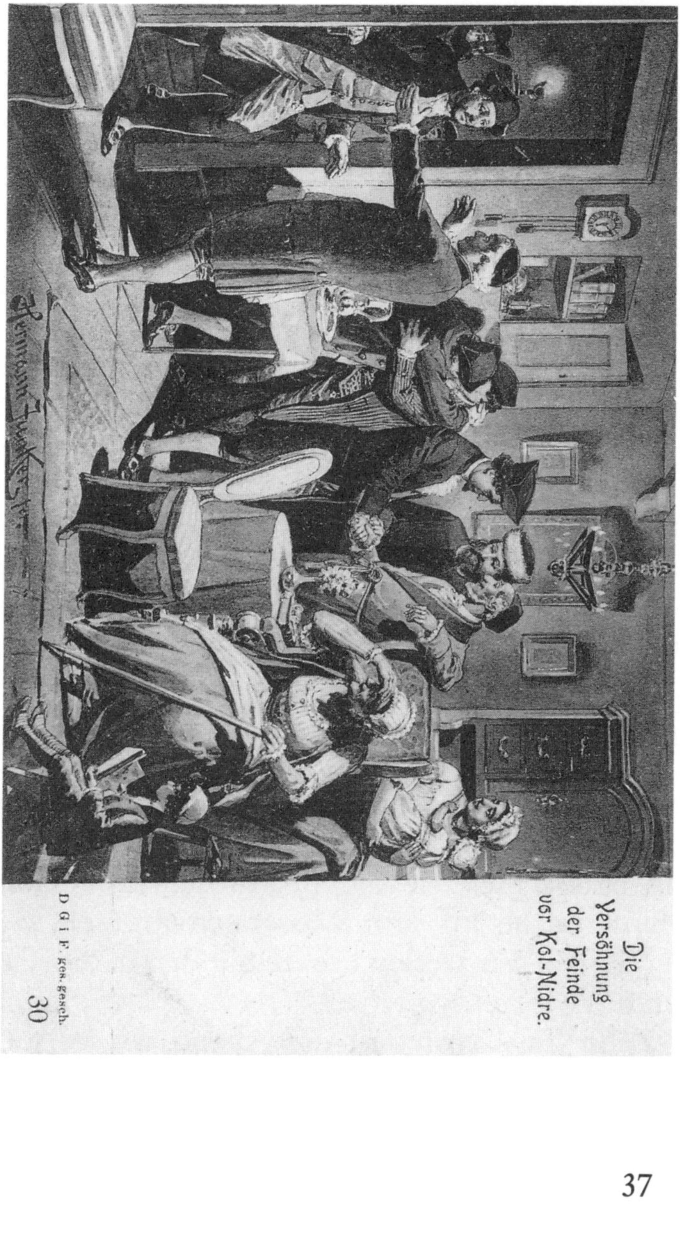
Die
Versöhnung
der Feinde
vor Kol-Nidre.
D G i F. ges. gesch.
30

auch gar nicht begeistert, als die Mame mir Brotkrümel in die Manteltasche steckt, bevor wir endlich losgehen. Aber ich will jetzt lieber gar nicht wissen, was das schon wieder soll, denn ich will endlich das Schofar hören.

Kaum sind wir in der Synagoge von allen begrüßt worden und haben unsere Plätze in der Frauengalerie eingenommen – da wird es plötzlich still. Alle erheben sich. Ein Mann nestelt, vor Anspannung ungeschickt, das Schofar aus seiner weißen Hülle. Das silberne Mundstück blinkt auf, als er es an seine Lippen führt.

Die Gemeinde scheint den Atem anzuhalten, während der Bläser fast hörbar seine Lungen füllt. Der *Kantor* sagt die Reihenfolge der Töne für das Schofar an. Und dann füllen die Klänge des Horns den Raum. Klagend wandern sie in die Seelen. Ich glaube das Öffnen der himmlischen Pforte zu spüren.

Nach dem Gottesdienst gehen wir zum Mainufer. Dort kehren die Erwachsenen, und dann auch ich, unsere Taschen nach außen. Während ich beobachte, wie die Brotbrösel aus meiner Manteltasche auf dem Wasser schwimmen, sagt der Tate: »Wir wollen unsere Sünden in die Tiefen des Meeres werfen«.

Zehn Tage später ist der Abend des Versöhnungstages, *Erew Jom Kippur*, gekommen. Heute besteht der Tate energisch darauf, daß wir das

Das
Schofar-
blasen
P. G. i. F.
gesetzl. gesch.
24

Haus rechtzeitig verlassen, um gemächlich, nachdenklich vor der Abenddämmerung in die Synagoge zu gelangen.

Der strengste Feiertag des jüdischen Jahres hat begonnen. Die Erwachsenen dürfen vierundzwanzig Stunden nichts essen oder trinken. Heute wird das Buch des Lebens besiegelt.

Viele Männer tragen, wie auch schon an *Rosch Haschana*, weiße bodenlange Hemden, ihr Sterbekleid. Noch einmal ruft man sich die Ereignisse des vergangenen Jahres ›mit geöffnetem Gemüt‹ vor sein geistiges Auge.

Die himmlische Pforte ist geöffnet. Die Gebete aller, auch der Sünder, steigen empor.

Auch am Morgen des *Jom Kippur* begleite ich meine Eltern in die Synagoge. Heute ist es hier ruhiger als an den anderen Feiertagen. Viele Frauen weinen vor Reue in ihre Gebetbücher. Meine Augen bleiben trocken, ich schäme mich. Vielleicht habe ich nicht die richtige Andacht? Ich bin stolz, als meine Mutter ihrer Nachbarin wie selbstverständlich die gerade vorgetragene Seite aus dem 684 Seiten starken Gebetbuch für Jom Kippur aufschlägt. »Können Sie alles verstehen?« fragt die Dame anerkennend. »Nein«, antwortet die Mame, »Ich kann das Hebräische fast lesen. So kann ich dem Kantor zwar folgen, ihn aber leider nicht verstehen. Sehen Sie, mein Gebetbuch ist auf der einen Seite hebräisch, und gegenüber steht die deutsche Übersetzung.«

Ich langweile mich bei dem mir unverständlichen Singsang und gehe nach unten in die Vorhalle. Hier sind viele Erwachsene in Gespräche vertieft, oder sie begrüßen sich, Küßchen, Küßchen gebend. Der Innenhof gehört uns Kindern. Wir machen uns scheu miteinander bekannt. Der Tag ist zu ernst für richtige Spiele wie Verstecken. So versuchen wir uns wie Erwachsene zu unterhalten.

Zum Mittagessen holt mich Erna nach Hause. Ich soll eine Suppe essen, aber ich will nicht, ich bin doch schon groß und will fasten. Am frühen Nachmittag greife ich dann doch zum Löffel, der Hunger wird zu mächtig.

Meine Eltern bleiben den ganzen Tag in der Synagoge. Vor dem Dunkelwerden des ›langen Tags‹, wie meine Erna ihn nennt, geht Erna mit mir wieder in die Synagoge. Jetzt bleibt sie mit uns auf der Frauengalerie.

Zum letzten Mal an diesem Tag wird der Toraschrein geöffnet. Mit dem Verblassen des Tageslichtes schließen sich die himmlischen Pforten wieder. Die Männer hüllen sich in ihre Gebetstücher, und das Glaubensbekenntnis, das *Sch'ma Israel*, füllt den Raum. Mit einem klagenden, langgezogenen Ton des Schofar endet der heilige Tag. Das Schofar wird nun ein Jahr schweigen.

# *Die Laubhütte*

Gleich nach dem Versöhnungsfest stürzte sich der Tate in die Vorbereitungen für das Laubhüttenfest, das schon fünf Tage später gefeiert werden sollte.

Mit Erna schleppte er stöhnend die drei zwei Meter hohen Seitenwände für unsere Laubhütte, die *Sukka*, aus dem Keller und stellte sie schwitzend in der Diele ab.

»Ej we, das Fasten ist mir nicht bekommen, ich fühl mich heut' nicht wohl«, lamentierte mein Vater und tupfte sich mit seinem Taschentuch die von der Schwerstarbeit schweißnasse Stirn.

»Na, ich glaube eher, das anschließende gierige Vollstopfen ist dir nicht bekommen«, spöttelte freundlich meine Mutter. Dabei riß sie das schützende Papier von den Spanplatten, wodurch der Blick auf eine wunderbare Phantasielandschaft in Öl freiwurde.

Ich stand jedes Jahr wieder verzaubert vor dem tintenblauen Meer, das sich im Azurhimmel verlor, den zartweiße Schäfchenwölkchen, fliegende Möwen und die strahlendste Sonne mit aufgemaltem lachenden Gesicht zierten. Vor dem Meer gruppierten sich putzige gelbe Häuser mit roten Dächern, umgeben von satten Blumenwiesen, in denen Menschen spielten und tanzten.

An den nächsten Tagen wurden erst einmal die leicht verblaßten Farben des Panoramas von meiner Mutter und mir mit großem künstlerischen Elan wieder aufgefrischt. Meine Erna hatte dabei die nervenaufreibende Aufgabe, unseren wackligen Leitern Halt zu spenden.

Unsere Mietwohnung im zweiten Stock verfügte natürlich über keinen Garten, um unsere Laubhütte dort aufzubauen; also stellten wir die Wände unserer Sukka wie einen Paravent vor die Balkonbrüstung.

Danach bastelte die ganze Familie an dem Dach für die Laubhütte, das trotz aller Mühen immer ein wenig provisorisch ausfiel: Latten, versteckt unter Strohmatten und herbstlichem Laub. Meine für diesen Fall so wunderbar hochgewachsene Erna assistierte meinem kleinen, runden Vater am Tag vor dem Laubhüttenfest beim Auflegen des Lattendaches. Danach wurde der wärmende Bodenbelag in Grasgrün ausgerollt und Tisch und Stühle in der Sukka aufgestellt.

Vom Abend dieses Tages an wollten wir die nächsten sieben Tage alle Mahlzeiten in unserer gemütlichen Sukka einnehmen und uns so oft wie möglich in ihr aufhalten.

So wollten wir uns erinnern an das Hüttenleben der Kinder Israel während der Wüstenwanderung mit Moses und daran, wie der Ewige uns beschützt und behütet.

Das Laubhüttenfest ist ein ›Halbfeiertag‹, das heißt, wir mußten in diesen Tagen alle unserer alltäglichen Arbeit nachgehen.

Jeder Besuch wurde stolz in unsre Balkonhütte geführt. In meiner Schulzeit durfte ich an einem Nachmittag Freundinnen in die Sukka einladen. Meine Erna kochte für uns Wunsch-Kakao ohne Ekelhaut und backte köstliche Marmeladenkreppel, denn fröhlich sollen wir in der Laubhütte leben!

Erna hatte für diese Freiluft-Tage der ganzen Familie dicke, kratzige Socken gestrickt. Das Laubhüttenfest fällt nämlich meist in den Monat Oktober, und da ist es in Deutschland ja schon ziemlich kalt. Oft vertrieben uns heftige Regenschauer aus unserer Hütte; dann wanderten wir alle ins Wohnzimmer. Die Balkontür blieb in der Zeit des Wochenfestes immer geöffnet und gab so wenigstens den Blick in unsre Sukka frei.

Den runden Eßtisch vor dem Balkon schmückte eine reichbestickte Bauerntischdecke, und auf ihr prunkte die weiße Porzellanvase mit dem Feststrauß, dem *Lulaw*. Dazu wird ein möglichst langer Palmzweig mit drei duftenden Myrtenzweigen und zwei Zweigen der bescheidenen Bachweide mit Bast zusammengebunden. Vor der Vase rundet eine Zitrusfrucht das prächtige Bild ab; denn das Laubhüttenfest ist auch das Fest des Erntedanks.

Laubhüttenfest. Das Schmücken der Laubhütte.

P. G. i. F. ges. gesch. 34

Am letzten Tag fügte meine Mutter noch mit größter Sorgfalt einige Weidenzweige zu dem Strauß: »Auf das Wie kommt es an, man muß mit dem Herzen dabeisein«, versicherte mir meine Mame dabei: »Die Weiden drücken unsere Hoffnung auf den für *Erez Israel* so lebenswichtigen, rechtzeitig einsetzenden Regen aus.«

Ich muß einmal sehr zornig auf meine Erna gewesen sein, als ich sie vor meinen Eltern mit den Worten: »Du, du langer Lulaw«, beschimpfte.

Erschrocken hörte ich in die sekundenlange Ruhe nach dieser Frechheit . . ., dann platzten die Erwachsenen mit einem erlösenden Lachen in die bedrückende Stille. Ich bekam zwar noch einige Ermahnungen zu hören und entschuldigte mich bei meiner Erna, verstand aber die unfreiwillige Komik des Gesprochenen nicht.

An den Abenden in der Sukka beim flackernden Licht der Petroleumlampe erzählte mein Tate uns gerne Geschichten über den jungen Moses:

*»Die Zeiten, in welchen sich alle Juden noch bei ihrem Namen kannten, waren schon lange vorbei. Das Volk Israel zählte schon seine zwölf Stämme, aber es hatte kein eigenes Land, sondern lebte in Ägypten unter den Regierungen mächtiger Pharaonen.*

*Unter der Oberherrschaft des Pharao Ramses II. war es mit dem freien Leben der Juden in Ägypten zu Ende. Ramses fürchtete das fremde Volk und zwang die Israeli-*

*ten zu harter Sklavenarbeit. Aus Angst, daß dies fremde Volk eines Tages seine Macht stürzen könnte, befahl er, alle neugeborenen Knaben der Israeliten in den Nil zu werfen, damit sich die Zahl der Juden nicht vermehre.*

*In diesen finsteren Tagen gebar eine Frau aus dem Stamm Levi einen auffällig schönen Knaben. Dessen Tate seufzte bei dem Anblick seines Sohnes: ›Könnte er uns doch nur helfen!‹*

*Der Ewige sah die bittere Fron seines Volkes und beschloß, ihm diesen Knaben als Retter zu senden.*

*Drei Monate versteckte die Mutter den Knaben, dann konnte sie sich dem bösen Befehl des Pharaos nicht mehr entziehen. Aber sie war eine kluge und listige Frau; sie nahm ein Binsenkästchen, dichtete es mit Pech und Teer ab und legte ihren schönen Knaben in die schwimmende Wiege, setzte ihn so am Nilufer im Wasser aus und hoffte auf die Hilfe des Ewigen.*

*Batja, die Tochter Pharaos, ging mit ihren Dienerinnen am Fluß spazieren. Traurig war ihre Seele, denn es plagte sie ein ekliger Hautausschlag, den kein Arzt im Land hatte heilen können. Plötzlich hörte sie ein leises Wimmern aus dem Schilf und fand das Körbchen.*

*Als sie es aber aus dem Wasser ziehen wollte, waren ihre Arme zu kurz, so sehr sie sich auch mühte. Da tat der Erzengel Gabriel ein Wunder und verlängerte Batjas Arm, so daß sie das Körbchen erreichen konnte.*

*Als sie es öffnete und den weinenden Knaben sah, erfüllte Mitleid ihr Herz, und sie nahm den Säugling tröstend in ihre Arme. Da geschah das zweite Wunder;*

*mit dem Lächeln des Knaben verschwand der häßliche Ausschlag der Prinzessin.*

*Schnell eilte sie zu ihrem Vater, um ihm alles zu erzählen. Als er von dem Wunder hörte und in das nun schöne, reine Antlitz seiner Tochter sah, erlaubte er ihr, das Kind zu behalten.*

*Batja gab ihm den Namen Moses, was im Ägyptischen ›Kind‹ bedeutet; aber wer Hebräisch versteht, die Sprache der Israeliten, hört das Wort ›maschàh‹ heraus, auf deutsch – na???«* fragte mein Tate in die fasziniert lauschende Runde.

»Ziehen!« antwortete ich mit vor Spannung vibrierender Stimme.

*»Und als er herangewachsen war, befahl der aus dem Wasser Gezogene im Namen des Ewigen dem mächtigen Pharao, sein Volk, die Israeliten, aus dem Land der Sklaverei ziehen zu lassen in das schöne, weite Land, in dem Milch und Honig fließt.*

*Und Moses führte unser Volk vierzig Jahre durch die beängstigende Wüste, beschützt und behütet vom Ewigen, gepriesen sei sein Name, in das Land der Verheißung.«*

So faßte der Tate den Rest der Geschichte schnell zusammen, denn ich mußte in mein Bett, um am nächsten Morgen einigermaßen ausgeschlafen in die Schule zu kommen.

An den folgenden Tagen des Laubhüttenfestes, in unserer Sukka, erzählte uns der Tate noch viele andere Märchen von den Wundern um Moses.

Zum Beispiel wie Moses ein zweites Mal gerettet wurde:

*»Die ägyptische Prinzessin liebte und umhegte den kleinen Moses wie einen eigenen Sohn, und der ganze Hofstaat hatte Freude an dem aufgeweckten Kind, sogar der Pharao schaukelte ihn gerne auf seinen Knien.*

*Eines Tages, Moses wird ungefähr drei Jahre alt gewesen sein, saß er auf Pharaos Schoß und griff plötzlich nach seiner Krone, zog sie ihm vom Kopf und setzte sie auf sein eigenes Haupt.*

*Voll Schrecken erinnerte sich der Herrscher an die Prophezeiung, daß derjenige, der eines Tages nach seiner Krone griffe, sich das ganze Land untertan machen würde.*

*Aufgeregt rief der Pharao nach seinen Ratgebern. War es nur ein kindliches Spiel oder böse Vorbedeutung?*

*Alle Ratgeber entschieden, das Kind müsse getötet werden! Nur der weise Jithro sprach: ›Urteilt doch nicht so schnell, laßt uns orakeln.‹*

*Und er riet: ›Legt dem kleinen Moses funkelnde Edelsteine und glühende Kohle auf den Boden. Wenn es ein Kind wie alle anderen ist, wird es nach dem rotglühenden Feuer greifen und nicht nach den funkelnden Steinen, dann ist keine Gefahr, und das Kind darf leben.‹*

*Dieser Vorschlag gefiel dem Pharao sehr, und er ließ alles für die Prüfung einrichten. Moses hatte schon sein Händchen nach den funkelnden Edelsteinen ausgestreckt, da lenkte der Erzengel Gabriel seine Hand in die glühende Kohle. Vor Schmerz steckte Moses seine verbrannten Finger in den kühlenden Mund und verbrannte sich so seine Zunge.*

*So ward Moses durch die Hilfe des Ewigen ein zweites Mal gerettet.«*

Ich war ganz aufgeregt vor Angst um das Leben des kleinen Moses: »Ach ja, das hat mir die Mame schon einmal erzählt, als ich über den stotternden Kaufmann an der Ecke gelacht hab', auch Moses konnte nicht richtig sprechen.«

»Ja«, nickte mein Tate nachdenklich, »so kam Moses zu seinem Sprachfehler und legte doch Fürbitte ein für unser Volk vor dem Ewigen – vor Jahwe, unserem Herrn, nachdem die Kinder Israels das Goldene Kalb umtanzt hatten.«

# *Jankel Spielmann aus Amerika*

Ich muß im zweiten Schuljahr gewesen sein. In unserer Sukka wurde nur noch von Jankel Spielmann aus dem fernen Amerika gesprochen, der sich zur Zeit in Europa aufhalte, auf der Suche nach überlebenden Verwandten. Am sechsten Tag des Laubhüttenfestes sollte er nun bei uns eintreffen.

Meine Eltern waren ganz aufgeregt, und meine Erna schien nur noch mit der Mame in der Küche zu disputieren, über den Haushalt, der ja nicht rituell rein geführt wurde, also nicht koscher war, und ob das unserem Besuch genügen könnte.

»So ein Mann in seinem Alter ist bestimmt sehr fromm und ißt nachher keinen Bissen bei uns«, lamentierte Erna und gebrauchte dann sogar Tates typisches: »Ej we.«

»Ja, da könntest du recht haben«, bestätigte die Mame: »Um die sechzig Jahre wird Jankel bestimmt sein und schreibt auch in einem lustigen Gemisch von Amerikanisch, Jiddisch und Deutsch.«

Vorsichtshalber holte meine Mutter für unseren Gast das Fleisch und die Wurst beim koscheren Metzger.

Nur Fische, die mit Schuppen und Flossen im

Wasser geschwommen waren, kamen bei uns auf den Tisch – und selbstverständlich kein Schweinefleisch. Aber das Fleisch holten wir meistens beim Metzger um die Ecke, und dort wurde natürlich nicht *geschächtet*, das ist die rituell-reine Art der jüdischen Schlachtung.

Eigentlich benötigt die koschere Küche auch noch getrennte Töpfe und getrenntes Geschirr für milchige und fleischige Lebensmittel, aber so weit wollte die Mame dann doch nicht gehen.

Der Besuch traf natürlich während meiner Unterrichtszeit am Frankfurter Flughafen ein. Der Tate hatte ein Pappschild an einem Stock befestigt, auf dem dick KUNIK stand und das ich mit Blumen hatte ummalen dürfen.

Ich saß wie auf Hummeln in meiner Schulbank, und die große Pause wollte an diesem Tag überhaupt nicht enden. Noch zwei lange Schulstunden mußte ich ertragen; danach lief ich wie gehetzt nach Hause. An der Wohnungstür erwartete mich heute keiner, also stürmte ich weiter in Richtung Sukka. An der Küche wurde ich gebremst. Durch die geöffnete Tür sah ich meine Mutter am großen Tisch sitzen, schluchzend, mit rot geweinten Augen. Meine Erna schaute aus dem Fenster, ihre Schultern zuckten. Mich nahmen sie nicht wahr, keiner schien mich gehört zu haben. So etwas hatte ich noch nie erlebt.

Wo war Tates fröhliches ›Schalom‹ heute?

Bedrückt schlich ich weiter ins Wohnzimmer, ganz leise, und da sah ich in der Sukka den fremden alten Mann sitzen, der auf mich schutzbedürftig wirkte wie ein krankes Kind. Der schwarzweiße Gebetsmantel hing seltsam schlaff über seinen vor Trauer zusammengesunkenen Schultern. Die Finger umspielten abwesend die neununddreißig Quasten an den vier Ecken des *Tallit.*

Auf seinen glänzend silbergrauen Haaren saß ein weißes Käppchen mit Goldstickerei, hilflos verschoben.

Als er mich bemerkte, hob er quälend langsam den Kopf, wie aus schweren Träumen geholt. Zögernd nur schien er mich wahrzunehmen. Seine braunen Augen belebten sich freundlich. Der Körper begann, sich zu straffen und zu wachsen. In dem von Falten zerfurchten Gesicht spiegelte sich ein schwieriges Lächeln. Der Mund war im krausen Grau des langen Bartes nur zu erahnen.

Ich weiß nicht, wie viele Ewigkeiten es dauerte, bis der von Trauer erstarrte Mann Buchstabe für Buchstabe die Worte artikulierte: »Eine Goldene!« – als traue er nicht dem Bild dieses verschreckten Mädchens, mit der Schulmappe auf dem Rücken, den nach Trost suchenden blauen Augen, die den Tränen nahe waren, und dem jetzt sehr bleichen Gesicht, umspielt von blonden Lokken.

Ich faßte sofort Vertrauen zu diesem alten Mann in unserer Sukka, setzte mich scheu neben ihn. Er begann mich nachdenklich mit den Weintrauben aus unserer Obstschale, die auf dem Tisch stand, zu füttern.

»Daß es das noch gibt, ein so a scheines jiddisch Meidlech, hätte ich fast vergessen«, äußerte der Fremde aus Amerika versonnen in seinem seltsamen Deutsch.

Ich faßte Mut und fragte, warum alle so traurig seien, wo wir uns doch so auf ihn, den Herrn Spielmann, gefreut hatten.

»Die Eltern deiner Mame hießen Spielmann, so wie ich, das weißt du ja, Goldene?«

Ich bejahte die Frage: »Auch die Mame hieß Spielmann, bevor sie den Tate geheiratet hat.«

»Ja, und ich dachte, weil deine Mame eine geborene Spielmann ist, daß sie vielleicht eine Kusine von mir ist.«

»Was ist eine Kusine?« fragte ich interessiert.

»Ach ja, du kennst ja außer deinen lieben Eltern keine Verwandten. Also eine Kusine ist eine Verwandte.«

»Nein, wir haben keine Verwandten. Meine Klassenkameradinnen haben Tanten, Onkel, Omas und Opas. Warum habe ich eigentlich keine Verwandten?«

Die Falten schienen sich noch tiefer in das Gesicht des alten Mannes einzugraben, die Augen begannen zu flackern. Er schaute sich wie hilfesuchend vor der Frage dieses Kindes in der Sukka um. »Kennst du die Geschichte von der Königin Esther und von Haman, dem Judenhasser?«

Ich nickte.

»Es ist erst acht Jahre her, da lebte ein Haman in Europa, aber es waren nicht die Zeiten einer Königin Esther. Dieser gefährliche, böse Mensch hieß Adolf Hitler. Er war ein schrecklicher Kriegstreiber und zwang fast ganz Europa unter seine mörderische Herrschaft. Uns Juden haßte er über alle Maßen.

Alle Juden, und auch die, die uns nur helfen wollten, ließ er in Lager verschleppen, in Konzentrationslager, und ...«

Hier verstummte der alte Mann, Tränen liefen ihm jetzt unaufhaltsam über die eingefallenen Wangen und verschwanden in seinem üppigen Bart.

»... und ließ uns töten. So gibt es nur noch wenige Juden, die der Vernichtung, dem *Holocaust*, entgehen konnten. Ich hatte das Glück, nach Amerika auswandern zu können. Ein Glück, das die meisten nicht hatten. Deine Eltern konnten sich versteckt halten.

Aber ich fühle mich so allein, und so habe ich in Frankreich, Österreich und Deutschland gesucht, ob ich nicht noch Verwandte oder alte Freunde finden könnte.

Ihr wart meine letzte Station auf meiner Suche, aber leider ...« Hier brach er ab und fuhr sich verlegen mit seinen spinnenbeindünn wirkenden Fingern durch seinen krausen Bart.

Da bemerkten wir den Tate in der Balkontür: »Na, ihr habt euch ja schon angefreundet«, sagte er und versuchte, seiner Stimme Halt zu geben.

Jetzt kam auch die Mame zu uns: Sie hatte ihr Gesicht gepudert, das tat sie sonst nur an Abenden, an denen sie mit dem Tate ausging; aber die dunklen Ränder um die Augen waren nicht zu vertuschen.

»Ach, da bist du ja, Petra«, sagte sie gekünstelt fröhlich; dabei drückte sie mich an sich, und der Tate umschloß meine Hände wie kleine gefangene Vögel. Plötzlich weinten wir alle in der Sukka hemmungslos.

Der Tate versuchte, sich und uns aus der Trauer zu reißen: »Fröhlich sollen wir in der Sukka leben! Danken wollen wir dem Ewigen, daß wir hier zusammensitzen und Jankel, unseren Freund, am Tisch bewirten können. Trude, was sind wir nur für Gastgeber, gibt es heute kein Essen in unserer Laubhütte?«

Es wurde ein stiller Nachmittag in der Sukka, an dem ich viel gestreichelt und geherzt wurde. Die Gespräche an diesem Nachmittag fanden in uns statt; ich mußte viel über das Gehörte nachdenken.

Nach dem Abendbrot wollte ich auf Tates abendliches Märchen nicht verzichten und bat und bettelte.

»Mir will heute nichts einfallen, mein Kleines«, antwortete der Tate erschöpft. Da begann der alte Mann aus Amerika:

*»Die Geschichte spielt in New York, für zwei alte Jidden eine unvorstellbar große Stadt in Amerika.*

*Die Luft steht in den Sommermonaten unerträglich heiß zwischen den hohen Häusern. Die Sonne brennt unbarmherzig auf den Asphalt, in den Straßen ist kaum eine Fleckchen Schatten zu sehen. Glühende Hitze und kaum ein Mensch auf den Straßen. Nur die Autoschlange sucht unaufhaltsam ihren Weg, und ihre Abgase bleiben flimmernd in der brütendheißen Luft stehen.*

*Da kommen zwei alte Jidden mit langen Bärten und Peiges, Schläfenlocken, um die Ecke. Sie schwatzen und schwitzen vor sich hin. Sagt der eine: ›Nu, Reb Salomon, wo setzt man sich?‹ – ›Nu, Reb Schmuel, wo kann man sich setzen? Die Sonne wird brennen oif'n Kopp. Man wird noch kriegen a Hitzschlag. Ej, wie die Sonne brennt. Wollten die Bengel nicht immer ihr Baseball spielen, wollt man a paar Stühle herunterholen in den Hof und hätt sich hingesetzt. Aber die amerikanischen Bälle sind hart wie Stein. Zweimal hat mich schoin so ein Geschoß getroffen. Beulen hab' ich bekommen, groiß wie Melonen, blau sind sie geworden wie Pflaumen, dann lila wie Auberginen und zum Schluß gelb wie Quitten, und wenn sie dich am*

*Kopf treffen, der Ewige soll abhüten, tot wirst du umfallen in Amerika.‹*

*Reb Schmuel nickt zustimmend: ›Das heißt, du suchst a sicheren Winkel, Reb Salomon?‹*

*›Ja, Reb Schmuel. Aber geh und gefind a sicheren Winkel in Amerika.‹*

*Die beiden alten Jidden kannten sich noch aus der alten Heimat. Im Jahr 1904 hatten beide ihr russisches Stetl, in dem sie geboren waren, verlassen müssen. Die Zeiten waren sehr unruhig gewesen, und besonders die Juden hatten schwer zu leiden. Da packten die beiden Freunde die wenige Habe ihrer Familien zusammen und fuhren mit ihren Frauen und drei Kleiniken gen Süden, von wo ein Auswandererschiff sie über das ›groiße Wasser‹ nach Amerika schaukelte. Und sie strandeten in New York! Hier hofften die beiden, für sich und ihre Familien einen Zufluchtsort vor allen Leiden und Verfolgungen zu finden, um in Ruhe und Frieden von ihrer Hände Arbeit leben zu können. Viele Jahre hatten die beiden Tisch an Tisch in einer Hemdenfabrik als Bügler gearbeitet. Jetzt waren sie alt, ihre Knie und ihre Rücken schmerzten vom jahrelangen Stehen, und ihre Lungen rasselten vom Staub des Leinens, das sie Tag um Tag gebügelt hatten.*

*Heute wohnen sie bei ihren Kindern und helfen, so gut sie können. Alle Früh gehen sie in die Synagoge zum Minjen. In der Wohnung aber tun die Kinder oft so, als ständen die Alten nur im Weg. Ja, so alte Männer müssen doch nebbich manches schlucken, aber hat man einen Freund und kann sich vor ihm ausreden, da wird einem*

*Jüdische Wasserträger im Stetl*

*leichter auf'm Herzen. Man teilt sich nicht nur seine Sorgen und Nöte, sondern sogar seinen Pfeifentabak. So sind richtig gute Freunde!*

*Im Sommer fahren die jungen Leute ans luftige Meer. Die Alten läßt man zu Hause, sie sollen aufpassen auf die Wohnung und die Blumen ordentlich gießen. In dieser Zeit sind unsere beiden Freunde wirklich nicht zu beneiden! In der Wohnung ist es stickig heiß. Was soll man nebbich tun? Man geht auf die Straß', um zu suchen ein sicheres schattiges Plätzchen zum Sitzen, um a bissel zu reden und zu rauchen.*

*Reb Schmuel: ›Reb Salomon, laß uns loifn zum Park, da sind Bäume und Bänke ...‹*

*›Bist du meschugge? Zum Park willst du gehn, so weit, zehn, ach, was sug ich, mindestens zwelf Block weit, und man muß über so viele Straßen, un hier sind keine Ampeln wie in der City, hier zu loifn iber die Avenue ist lebensgefährlich für so zwei alte Jidden, wer wird auf uns achten?‹*

*Reb Salomon kratzt sich seinen weißen Bart: ›Wo werden wir finden a sicheren Winkel? Un nicht keine Bengel mit harten Bällen, un nicht keine Automobilen mit Stoßstangen?‹*

*Da flammen oif die Oign von Reb Schmuel: ›Ich hab's, einen Block weiter is a leerer Platz, sogar mit Bäumen. Vielleicht kann man sich da setzen unter a Baum.‹*

*Die beiden gehen um die Ecke und um noch eine Ecke und richtig, dort ist eine Baustelle! Die beiden zwängen sich durch einen Spalt des Bretterzaunes. Vor ihnen liegt ein großes Loch, das Arbeiter für die Fundamente eines neuen Häuserblocks ausgehoben haben. Kein Baulärm stört die Mittagsruhe, und dort an der Seite sind auch zwei schattenspendende Bäume. Unter einem steht ein länglicher Kasten, also schnell hin und sich draufgesetzt, ach, tut das gut! Man holt die Pfeifchen heraus, stopft sie bedächtig und zündet sie sich gegenseitig an. Wie genießen sie die ersten Züge und verfolgen träumerisch die weißen Rauchwölkchen. ›A Vergnigen‹, äußert Reb Schmuel zufrieden: ›a Baum, Schatten, keine Bengel in der Nähe mit harten Bällen, keine wildgewordenen Automobilen. Das nenne ich einen ruhigen Winkel.‹*

*Doch das Vergnügen ist kurz. Plötzlich taucht ein total nervöser Bauarbeiter auf, rennt laut kreischend auf die beiden zu, wirft die Arme in die Luft und schreit unverständliches italienisch-amerikanisches Kauderwelsch in die Mittagsruhe. Unsere Freunde verstehen nur ›Dynamit!‹ Sie springen auf, gucken jetzt von vorn auf ihren bequemen Sitz, und da steht in großen Buchstaben auf dem Kasten ›Vorsicht Dynamit!‹*

*Zu Tode erschrocken rennen sie davon. Erst als sie das Gefühl haben, die Lungen müßten ihnen zerplatzen, bleiben sie hustend und nach Luft schnappend stehen. Reb Salomon faßt sich als erster und spricht schnaufend: ›Nu, wie gefällt euch das, Reb Schmuel? Gefinden a sicheren Winkel in Amerika – auf a Faß Pulver! A, was sag ich Pulver? Nein, Reb Schmuel, Dynamit! Dynamit is doch hundertmal stärker von Pulver!‹ «*

Meine Mutter kam noch einmal zu mir an mein Bett: »Du schläfst noch nicht? Hast du Angst?«

»Nein, aber ich muß soviel denken, und das läßt mich nicht einschlafen. Ach, ich hätte so gerne außer dir, dem Tate und meiner Erna auch noch einen Verwandten, darüber muß ich andauernd nachdenken.«

»Vielleicht aus Amerika?« fragte die Mutter.

»Oh ja, sehr gerne!« entfuhr es mir träumerisch.

»Ja, deshalb bin ich noch einmal zu dir gekommen, wir möchten dir einen *Seide* schenken.«

»Was ist das, ein Seide?« fragte ich enttäuscht.

»Ein Seide«, wiederholte meine Mutter, und ihr altbekanntes spitzbübisches Blinken war wieder in ihren Augen zu sehen, »Seide ist das jiddische Wort für Großvater – Opa! Klar? Wir sitzen noch in der Sukka und unterhalten uns. Jankel ist so traurig. Nur wenn er von dir spricht, wird sein Gemüt fröhlich. Der Tate und ich haben den Jankel schon richtig lieb, so als wär' er ein echter Verwandter. Ja, und da hatten wir alle die Idee, warum soll er nicht dein Seide werden? Na, was meinst du dazu?«

Ich sprang aus meinem Bett, flog zum Seide und gab ihm ohne ein Wort einen dicken Kuß.

»Wer bin ich?« fragte er mich fröhlich.

»Der geschenkte Seide!« antwortete ich ausgelassen.

Früher als sonst wache ich am achten Tag des Wochenfestes auf.

Aus der Küche höre ich geschäftiges Klappern mit Töpfen und Geschirr. Der Duft von Kaffee, Kakao, Tee und frischen Waffeln erfüllt den langen Korridor. Ich laufe zur Sukka. Hier treffe ich den Tate und den Seide bei ihrem Morgengebet an. Sie heben kurz ihre Augen aus ihren Gebetsbüchern und nicken mir freundlich zu. Dann fallen sie wieder in den rhythmischen Singsang ihrer hebräischen Gebete. Sie wiegen ihre Oberkörper dabei leicht hin und her, und mit der linken Faust klopfen sie an ihre Herzen. Beide haben natürlich ihre Käppchen auf dem Kopf und ihre Gebetsmäntel an. Auch ihre *Tefillin,* die Gebetsriemen, haben sie angelegt, mit den zwei schwarzglänzenden Lederwürfeln, in denen vier Toraabschnitte stecken, die auf Pergamentstreifen geschrieben sind. Der eine Würfel ist mit den Lederriemen am linken Oberarm, der zum Herzen weist, befestigt, der zweite auf der Stirn, dem Mittelpunkt des Geistes. So steht der jüdische Mann bei seinem Gebet in der vom Ewigen durchdrungenen Schöpfung.

Heute heißt es für ein Jahr Abschied nehmen von unserer Sukka. Wir frühstücken noch einmal zusammen in der Laubhütte, in der wir richtig heimisch geworden sind.

Der Lulaw war schon gestern morgen, am *Ho-*

*schana rabba*-Tag vom Tate in der Synagoge abgelegt worden. An diesem Tag folgen die jüdischen Männer mit ihrem Lulaw betend dem Kantor bei den vorgeschriebenen sieben Rundgängen um die Torarollen. Alle Gebete dieser Prozession haben den Refrain *Hoschanna,* also ›Hosianna‹, und das hebräische *rabba* bedeutet auf deutsch ›viel‹. Es ist der Tag der ›vielen Hosiannas‹.

Als ich aus der Schule zurückkomme, stehen die Wände der Sukka schon schützend verpackt im Korridor.

*Frommer Jude mit Gebetsmantel und Gebetsriemen*

# *Vom Lernen*

Ich war keine gute Hausaufgabenmacherin, so hatte mir meine Lehrerin ein Hausaufgabenheft aufgedrückt.

Die Mame kontrollierte jeden Tag streng meine Hausaufgaben und verglich sie mit den von der Lehrerin aufgeschriebenen Forderungen. Meine Erna gab mir meistens gute Tips, wie die Aufgaben zu lösen waren, und wenn ich sehr verzweifelt und den Tränen nahe war, löste sie auch mal eine Aufgabe für mich; aber dann hatten wir beide ein schlechtes Gewissen. An den Nachmittagen nach dem Laubhüttenfest hatte Erna leider überhaupt keine Zeit für meinen Hausaufgabenkummer, mußte doch der grüne Teppich entkrümelt und zusammengerollt werden. Das Laub des Daches wurde zerkleinert und mußte in der Mülltonne verschwinden. Ich stand nur im Weg. Meine Erna lief dem Tate hinterher, um die Wände unserer Sukka in den Keller zu transportieren.

Ausgerechnet Päckchenrechnen hatte ich an diesem Tag auf!

Nach dem Mittagessen zog ich mich mißmutig in mein Zimmer zurück, ordnete meine Hefte, oder besser: zerstreute sie auf meinem kleinen Schreibtisch, spitzte ein paar Buntstifte kurz und versuchte einen Kopfstand an der Wand.

Rechenunterricht Isidor Kaufmann pinx.

Da öffnet jemand vorsichtig die Tür. Der Seide steht im Türrahmen. Das heißt, aus meiner Perspektive sah ich schwarze Schnürschuhe, weiße Baumwollsocken und den Umschlag seiner schwarzen Hose mit den feinen weißen Streifen.

Der Seide platzte los vor Lachen: »Das ist gut für die Kopfdurchblutung, Goldene, sogar sehr gut! Da wirst du ja bald mit deinen Hausaufgaben fertig sein. Der Tate wartet schon auf uns, wir müssen doch noch zusammen deine Fahne für den *Simchat-Tora-Umzug* basteln.

»Ach, Seidele, kannst du nicht mit der Mame, oder noch besser mit dem Tate reden, daß sie mir eine Entschuldigung für die Hausaufgaben schreiben wegen ... wegen jüdischer Feiertage? Schließlich beginnt doch heute abend das Fest der Torafreuden.« – »Ej«, äußerte der Seide sehr ernst: »Du weißt doch, Goldene, zum jüdischen Leben gehört der Weg des Fragens und Forschens.«

»Ja, die Tora sollen wir erforschen, aber nicht diese blöde Päckchenrechnerei. Unten soll dieselbe Summe herauskommen, oben soll dieselbe Summe herauskommen, quer soll dieselbe Summe herauskommen.«

»Goldene! Mathematik stärkt das Denkvermögen! Rabbi Elija, ein hervorragender Mathematiker und einer der bedeutendsten Rabbiner im achtzehnten Jahrhundert, pflegte zu sagen: ›Wer die Wissenschaften nicht kennt, dem wird es hundertmal an Torawissen mangeln, denn Tora und Wissenschaften gehören zusammen.‹

Jetzt gib mir doch nicht einen so traurigen Blick, ich will dir eine wahre Geschichte erzählen:

*Ich glaube, es war vor ungefähr einhundertfünfzig Jahren in Osteuropa. Kriegerische Truppen zogen mordend und plündernd durch das Land. Die Juden lebten in großer Armut in ihren Stetln und waren der Willkür der Herrschenden ausgeliefert. Hohe Steuern und Sondersteuern wurden den Juden abverlangt. Die Ausübung handwerklicher Berufe und der Ackerbau waren ihnen meistens verboten. So mußten sie von Geldgeschäften und vom Handel leben.*

*Ihre Söhne zogen, sobald sie laufen und sprechen konnten, mit ihrem Tate über Land und halfen mit kleinen geschickten Händen, die Ware zu wiegen, Stoff zu messen, Geld zu kassieren und herauszugeben. Fixe Rechner waren diese Jingele.*

*So erklärt sich für mich das folgende Ereignis. Ein Feldherr befahl eines Tages im Namen des Zaren, daß alle elfjährigen Knaben eines Stetls sich am nächsten Morgen seinem Heer anzuschließen hätten. Da half kein Weinen der Mütter und kein Fluchen der Väter. Würde man sich weigern, dann kämen die Soldaten, um ein Pogrom zu veranstalten. Sie würden das Dorf durch Feuer vernichten und alle Juden aus dem Stetl vertreiben.*

*Im Stetl herrschte verzweifelte Betriebsamkeit. Nur der*

*Rebbe wurde sehr ruhig und nachdenklich. Zwar kamen die Jingelech schon zu ihm in den Religionsunterricht, aber die hebräischen Buchstaben purzelten noch ziemlich unverstanden in ihren Köpfen durcheinander. Wenn sie jetzt in den Krieg zogen, würden sie viele Jahre unter ungebildeten Antisemiten leben müssen. Wer würde sie unterrichten? Wie würden sie die 613 Gebote befolgen und gute Juden sein können, wenn sie ›das Buch‹ nicht zu lesen verstünden?*

*Bei dieser Grübelei kommen dem Rebbe die Worte in den Sinn: Süß wie Honig in deinem Mund sei dir die Tora!*

*Jetzt wußte er, was zu tun war. Er bat seine Frau, die Rebbitzin, soviel köstliche Honigplätzchen zu backen, wie ihr möglich war; aber keine Kringel, Sternchen oder Kreise, sondern sie sollten die Form der hebräischen Buchstaben haben.*

*Am Abend versammelte der Rebbe die Knaben zu einem leckeren Unterricht.*

*Aus den Plätzchenbuchstaben legten sie erste Wörter und bald auch ganze Sätze aus der Tora zusammen. Schüler, die ihre Sache besonders gut machten, bekamen vom Rebbe Plätzchen mit den Worten in den Mund geschoben: ›So süß, wie euch diese Köstlichkeit im Mund zergeht, sei euch die Lehre.‹*

*Am Morgen versammelte sich das ganze Stetl in der kleinen Synagoge, um Abschied zu nehmen und für die Jingelech zu beten.*

*Diese hatten in der Nacht das Lesen gelernt und traten*

Der Barmizwah-Vortrag.

P. G i. F. ges. gesch. 7

*jetzt als ›Söhne der Pflicht‹ vor die Gemeinde. Jeder von ihnen las stellvertretend für alle Versammelten einen Abschnitt aus der Tora oder ein Prophetenkapitel vor.*

*So hatten sie schon mit elf und nicht mit dreizehn Jahren ihre vorgezogene Bar-Mizwa. Von Stund an waren sie nach unserem jüdischen Gesetz mündig und übernahmen die Verpflichtung, als gute, gesetzestreue Juden zu leben …*

So, und jetzt machen wir Mathematik, denn wenn du nächstes Jahr in den Religionsunterricht kommst, wirst du froh sein, wenn du gelernt hast zu lernen.«

# *Simchat-Tora*

Als die Hausaufgaben gemacht sind, stürmen der Seide und ich erleichtert und froh in Tates Büro. Der Tate wartet schon auf uns. Schere, Klebstoff, Glitzer-Buntpapier in Blau, Silber und Gelb sowie ein Stöckchen liegen vor ihm. Jetzt wird also meine Fahne für den *Simchat-Tora*-Umzug gebastelt.

Unter unseren kritischen Blicken schneidet der Seide geschickt zwei Dreiecke in die Enden des blauen Papiers. Ja, das sieht toll aus! Ich kleistere das Blau bis zu diesen Schwalbenschwänzen mit gelbem Papier zu. In dieser Zeit hat der Tate aus dem Silberpapier die Umrisse der Toratafeln ausgeschnitten, die ich konzentriert in das gelbe Feld klebe. Danach malt der Seide mit einem Federkiel zierliche, tiefschwarze hebräische Buchstaben auf unsere Toratafeln. Der Tate setzt mit seinem Federhalter den sechszackigen Davidstern über die Tafel, dann befestigt er meine Fahne an dem Stöckchen. Jetzt kommt die Mame mit feinem Silberfaden und einer Nadel zu uns, und sehr behutsam, damit nicht alles noch zerstört wird, zieht sie Fäden durch die spitzen Dreiecke, die ich zum Schluß sorgfältig verknote.

Bis wir uns auf den Weg in die Synagoge machen, zeige ich meiner Erna immer wieder, wie schön meine Fahne durch die Luft segelt.

Am Tag der Torafreude sitzen in der Synagoge alle, also auch die Frauen, unten in der Männerabteilung.

Heute endet die über das ganze Jahr verteilte Lesung der fünf Bücher, die der Ewige dem Moses auf dem Berg Sinai diktierte. Die Lesung wird gleich wieder von vorne begonnen, denn das Wort des Ewigen ist ohne Ende.

Viele Männer werden heute zur Lesung aus der Tora aufgerufen. Meine Mame und ich haben Herzklopfen bis zum Hals und halten uns an den Händen, als auch der Tate zur *Bima* gerufen wird.

Heute werden alle Torarollen aus dem heiligen Schrein gehoben. Siebenmal müssen sie heute durch den Synagogenraum getragen werden. Bei jedem Rundgang wird die Freude größer. Leichtfüßig, fast wie im Tanz, tragen die Männer die schweren Torarollen. Wir Kinder begleiten fähnchenschwingend die freudige Prozession. Der Kantor singt heute fröhliche Melodien, in die auch die Gemeinde immer wieder begeistert einfällt.

Nach dem G'ttesdienst werden an uns Kinder Tüten mit Süßigkeiten verteilt. Auf der Straße sammeln sich unsere Freunde, auch zwei Kinder sind dabei, leider jünger als ich. Wir verteilen uns in verschiedene Autos, und ab geht es zu uns nach Hause, denn meine Eltern geben heute einen ›Empfang‹.

*Simchat-Tora-Fahne*

Als wir freudig schwatzend in unserem Wohnzimmer sitzen, überrascht uns der Seide mit einer Attraktion aus seinem Gepäck: eine Schallplatte aus Amerika mit jiddischen Liedern! Lebhaftpackende, fröhliche Musik tönt aus dem Lautsprecher. Ich muß lachen bei meiner Vorstellung: so singt der Kantor, wenn er ganz fröhlich und allein ist.

Der Seide holt mich aus meinen Gedanken: »Hör, Goldene, diese Melodien haben verschiedene ›Seelen‹, *Trauerkeit* und *Frejlichkeit* wechseln sich scheinbar ganz leicht ab. Das ist *jiddische Lebedigerheit!*«

Immer mehr zieht uns die Musik in ihren Bann.

Bei dem Lied vom Rebbe Elemejlech, der immer fröhlicher wird und sich immer mehr Musiker ins Haus holen läßt: die fiedelichen Fiedler, die zimbelichen Zimbler und die paukerischen Pauker, hält es die Gesellschaft nicht mehr auf ihren Stühlen. Die Männer schieben die störenden Möbel an die Wand und beginnen zu tanzen. Dabei vollführen sie die tollsten Figuren und höchsten Sprünge. Die Frauen feuern die Tänzer an, indem sie im Rhythmus in die Hände klatschen.

»Schaut auf unseren Jankel«, vergnügt sich die Mame: »er tanzt wie ein junger, wilder *Chossen*, wie ein Bräutigam.«

Ohne seinen munteren Tanz zu unterbrechen,

L. Krestin. Alte Weisen.

antwortet der Seide: »Ja, heute sind wir alle Bräutigame der Tora.« Er faßt die Mame und mich bei den Händen und zieht uns zu den Tanzenden. Jetzt springen alle auf ihre Füße, um mit zu tanzen. Die Platte ist schon lange abgelaufen, wir singen selbst. Wir fassen uns bei den Händen. Meine lange Erna tanzt, alle überragend, mit uns den wilden jüdischen Kreistanz, die *Hora,* bis wir alle erschöpft auf unsere Stühle sinken.

Der Tate geht zum Plattenspieler: »Ich möchte das Lied von den *Nissim* noch mal hören. Ein jiddischer Witz, vertont!« freut er sich.

»Nissim?« frage ich den Seide, und der erklärt: »Nissim sind Wunder; das ist ein Spottlied über einen Rebbe, der Wunder tut, daß einem sich die Haare sträuben. Zum Beispiel kommt zu dem Rebbe ein Ehepaar, das sich nur streitet. Das Wunder, das er da tut, ist gar nicht zu sagen; sie haben sich nicht mehr gezankt, nun haben sie sich geschlagen!«

Der Tate hat die Stelle auf der Schallplatte gefunden. Wir hören jetzt amüsiert auf den Text. Nur den Refrain, das »Tschiribi, Tschiribi, Tschiribim, bom, bom ...«, singen wir begeistert mit.

Als unsere Gäste gegangen sind, frage ich den Tate, ob es nicht gemein ist, sich wie in manchen von den heute gehörten Liedern über fromme Juden lustig zu machen.

»Ja, aber eigentlich nein, das sind liebevoll gemeinte Spottliedelchen über die *Chassidim.* Vor ungefähr 250 Jahren versuchten einige Jidden ihrem armseligen Leben in Not und Elend und ihrer ständigen Angst vor Vertreibung aus ihrem geliebten Stetl durch den Glauben an die Kraft der Wunder zu entkommen. Nicht mehr das anstrendende Studieren und Diskutieren der Schriften sollte der Sinn ihres Lebens sein, sondern andächtiger Glaube, Frohsinn und inbrünstiges Beten. Zu Ehren des Ewigen wurde gesungen, getanzt und getrunken. Kein Wunder, daß bald jiddische Spottlieder über diese leichtgläubigen, weltfremden Brüder an Festtagen und auf Hochzeiten gesungen wurden. So überträgt sich die kindlichfromme Fröhlichkeit der Chassidim auf die Spöttelnden.«

Jetzt war es schon so spät in der Nacht, daß die Mame mir das Angebot machte, für die ersten Schulstunden eine Entschuldigung zu schreiben. Aber nein, morgen wollte ich ganz bestimmt in die Schule gehen. Zu stolz war ich auf meine gelösten Rechenaufgaben.

Der Tate lachte herzlich über die Mame und mich: »Nein so etwas, zwei *Nissim* an einem Abend, so eine *Simcha*!«

# ›*Weihnukka*‹

Nach dem freudigen *Simchat-Tora* kam die freudlose Zeit der länger werdenden Abende.

Der Kastanienbaum vor meinem Fenster warf sein buntes Laub ab und streckte mir seine kahlen, dunklen Astarme entgegen. Nur noch Schneeflocken könnten jetzt helle Tupfer in die graue Natur zaubern. In diesen Tagen suchte ich nicht nur immer wieder den Himmel sehnsüchtig nach Schneewolken ab – auch die dunkle Ecke in der Küche, in dem sich das alte Tischchen verbarg, wurde von mir immer wieder erwartungsvoll beäugt, und richtig: Irgendwann schob dann meine Erna den Tisch ins Licht und breitete ihre Weihnachtstischdecke auf ihm aus. Während sie die Decke glättete, strich sie liebevoll über das holprige Grün der Tannennadelstickerei. »Die habe ich gestickt, als ich zwölf Jahre alt war«, erzählte sie mir dabei jedes Jahr.

Nachdem Ernas Adventskranz mit seinen Schleifen und dicken Kerzen seinen Platz auf dem Tisch gefunden hatte, zog der süße Geruch von Plätzchen und Stollen in unsere Wohnküche ein. »Hm, unser gutes Weihnukkagebäck«, lästerte der Tate beim Nachmittagstee und stopfte sich genüßlich mit Plätzchen und Stollen sein rundes Bäuchlein prall.

Ich wußte, jetzt kommt auch bald die Zeit der jüdischen Lichter: das *Chanukkafest,* und ich sang in meiner Ungeduld beschwörend immer wieder:

*»O Chanukka, o Chanukka,*
*a Feiertag, a schejner,*
*a lustiger, a frejlicher,*
*a schejneres gibt es nich!«*

»Was wirst du denn dieses Jahr mit deinen Chanukkagroschen anfangen?« fragte mich meine Erna interessiert.

Ich zuckte mit den Schultern: »Ich weiß noch nicht so recht, aber morgen, da weiß ich's! Am Nachmittag darf ich mit meinen Freundinnen in die Stadt gehen, die Mame hat es mir erlaubt; wir wollen alle Spielwarenabteilungen in den Kaufhäusern abklappern, die sind jetzt ja ganz besonders schön dekoriert. Im Schaufenster vom Kaufhof sollen sich riesengroße Stofftiere elektrisch bewegen, ein Traum.«

Renate, Sibylle, Doris und ich drücken uns fast eine halbe Stunde die Nase an den Schaufenstern platt.

»Kommt, jetzt gehn wir rein, mir wird es langsam kalt«, sagt Doris.

»Ja, dann kann ich euch die Puppe zeigen, die ich dieses Jahr zu Weihnachten geschenkt bekomme«, unterstützt Renate sie.

Wir fahren die Rolltreppen hoch in den dritten Stock, vorbei an verführerischen Verkaufstischen. Lautsprecher verbreiten Weihnachtsstimmung.

Die Spielzeugabteilung sieht aus wie ein Schlaraffenland. Breit lächelnde Weihnachtsmännerpuppen suggerieren friedliche Freundlichkeit: Greift zu! »Ihr Kinderlein, kommet …«

Triumphierend hält Doris uns die schönste Puppe der Welt entgegen. Ich gucke auf das Preisschild: 35,– DM. »So viel Geld«, entfährt es mir. »Das macht nichts, meine Großeltern und meine Eltern legen dieses Jahr zusammen«, äußert Doris und streichelt besitzergreifend das lange Haar der Puppe.

»Mein Chanukkageld würde nie für so etwas Kostbares reichen«, stelle ich neidvoll fest.

»Ihr Juden dürft ja sowieso nicht Weihnachten feiern, ihr glaubt nämlich nicht an unser liebes Jesuskind«, stellt Sibylle spitz fest; auch sie schaut neidisch auf die Puppe mit den langen schwarzen Haaren.

»Ich hab es doch viel besser als ihr, mein Lichterfest beginnt schon in zwei Tagen, und ihr müßt noch fast drei Wochen warten. Dann bekomme ich acht Tage lang Abend für Abend Chanukkageld und darf mir davon kaufen, was ich will. Wenn ich also wollte, hätte ich schon vor Weihnachten so eine blöde Puppe, und zu Weihnachten hätte mir dann meine Erna noch einen ganzen

Kleiderschrank voll Puppenkleider genäht«, antworte ich prahlerisch.

»Gib doch nur nicht so an, ihr seid ja gar keine richtigen Juden, sagt mein Papi, die gibt es nämlich nicht mehr; und wenn, sind sie nicht so blond und blauäugig wie du, sondern haben so schöne schwarze Haare wie meine Puppe hier«, äußert Renate plötzlich wütend.

Ich kann mich nicht mehr bremsen und trete Renate gegen ihr Schienbein, daß sie aufjammert; dann schlängle ich mich hastig durch das Menschengedränge zur Rolltreppe. Im Parterre muß ich durch die Porzellanabteilung – und da passiert es: Mein Mantel reißt beim eiligen Lauf eine Tasse auf den Boden, hinter mir klirren Scherben. ›Nur weg‹, denke ich, aber da faßt mich auch schon eine Verkäuferin am Mantelkragen, schleppt mich in den Aufzug nach oben und schiebt mich in ein Büro.

»Dieses Kind hat eine Tasse mit Untertasse zerbrochen und wollte auch noch abhauen«, erklärt sie kurzatmig einem unfreundlichen Mann, der hinter seinem Schreibtisch döst. »Die Tasse kostet fünf Mark, das war eine Sammeltasse!«

»Hast du fünf Mark dabei?« fragt mich der Mann schroff. Ich schüttle weinend meinen Kopf.

»Natürlich nicht, die Kinder rennen mitten im Weihnachtsgeschäft hier durch das Kaufhaus und stören den ganzen Betrieb; man sollte Kindern ohne Begleitung Erwachsener den Aufenthalt im Kaufhaus verbieten«, schimpft die Verkäuferin empört.

»Haben deine Eltern Telefon?« Ich verneine, Böses ahnend. »Dann rufen wir die Polizei.« Ich beginne zu schluchzen und nuschele die Telefonnummer meiner Eltern durch die Zähne.

»Also, warum denn nicht gleich so?« Der Fremde wählt, die Mame ist am Telefon.

»Direktionsbüro, Ihr Kind hat in unserem Kaufhaus bösartig eine Tasse zerschlagen, bitte holen Sie es bei mir im Büro ab und bezahlen auch gleich den Preis der Tasse, fünf Mark, sonst übergeben wir den Vorfall unseren Anwälten.«

Nach einer langen halben Stunde rauscht die Mame sehr elegant im Pelzmantel und mit Pelzmütze in das Büro. Der Mann hinter dem Schreibtisch ist sichtlich beeindruckt. »Ihr Geschäftsgebaren wird man sich merken müssen«, warnt die Mame, und dabei trocknet sie, liebevoll besorgt, mit einem ihrer kostbarsten Spitzentaschentücher mein Gesicht.

Dann reicht sie ihm mit spitzen Fingern einen Fünfmarkschein über den Schreibtisch und verlangt eine Quittung.

Zu Hause wollte und konnte ich die Fragen, wie und warum das passieren konnte und wo meine Freundinnen geblieben waren, nicht beantworten.

»Die fünf Mark wirst du von deinen Chanukkagroschen bezahlen müssen«, war dann der Kommentar der Mame zu dem Vorfall.

Zwei Tage später poliert Erna den neunarmigen Bronze-Leuchter auf Hochglanz. Die Mame besorgt dünne rote Weihnachtskerzen, nicht rußend, nicht tropfend, die in die schmalen Kerzenhalter des Chanukkaleuchters passen. Acht Kerzen für die Chanukkalichter und eine einsame für den außenstehenden Arm des Leuchters. Das ist der *Schames,* der Diener; mit ihm werden die Chanukkalichter bedient.

Heute ist der erste Chanukkaabend.

In der frühen Dämmerung ruft uns der Tate ins Wohnzimmer, der Chanukkaleuchter steht auf der Fensterbank, den angezündeten Schames hält der Tate in der Hand. Er spricht einen hebräischen Segensspruch und entzündet nur ein Licht im Leuchter, die anderen müssen warten. Morgen abend kommt das zweite Licht dazu und immer so weiter, bis am letzten Festtag alle acht Lichter erstrahlen.

Wir stehen bewundernd vor dem einsamen Licht, bis Erna erschrocken ausruft: »Mein Fett!« Auch der Tate stürmt mit in die Küche. Wir sind um meine Erna versammelt und schauen zu, wie sie aus der Schöpfkelle flüssigen Teig in das brodelnde Öl der riesigen Pfanne gießt. Es zischt, kleine Teilchen entfernen sich vom rohen Kartoffelpuffer und vollführen einen wilden Tanz in dem brutzelnden Fett. Die Mame fischt mit einer langen Gabel die fertigen *Latkes* aus dem Öl und häuft die knusprige Köstlichkeit in unsere Kartoffelschüssel.

Ich trage flink Teller und Besteck ins Wohnzimmer, der Tate trägt Apfelmus und Preiselbeerkompott hinter mir her, und nun kann unser Festessen beginnen.

Nach dem Essen erzählt der Tate:

*»Chanukka führt uns in das Jahr 165 vor der heutigen Zeitrechnung und zu dem heldenhaften Kampf der Makkabäer.*

*Nach dem Tod Alexanders des Großen zerfiel sein Riesenreich durch Streit und Zwist unter seinen Feldherren. Jeder versuchte, sich eine Königskrone aufzusetzen.*

*Aus ihren Reihen kam der besonders gottlose und herrschsüchtige Antiochus. Mit seinen zahlreichen Truppen rückte er nach Jerusalem, der religiösen Heimat der Kinder Israels, wo der Tempel stand.*

*Nachdem er Jerusalem erobert hatte, entweihte er den Heiligen Tempel, indem er Götzenbilder in ihm aufstellen ließ, und verbot uns Juden unsere Religion. Alle Torarollen, deren die Eindringlinge habhaft werden konnten, wurden verbrannt. Die Kinder Israels wurden gezwungen, öffentlich Schweinefleisch zu essen und fremden Götzen zu opfern. Juden, die die schändlichen Befehle des hart-*

*herzigen Herrschers nicht befolgten, wurden von seinen Häschern verfolgt und getötet.*

*Viele unterwarfen sich der Gewalt, und nur einige beherzte Gesetzestreue flohen in die Berge. Unter ihnen Judas Makkabäus. Er und seine Brüder stellten ein kleines Heer auf, und heldenmutig leisteten die israelitischen Partisanen dem übermächtigen fremden Heer Widerstand. Nach dreijährigen Kämpfen gelang es der nur tausendköpfigen jüdischen Armee, das Riesenheer des Antiochus zu besiegen.*

*Die Makkabäer zogen im Triumph in Jerusalem ein und hinauf zum Tempel. Ihre Speere wurden im Tempelhof mit Lichtern geschmückt, deren Schimmer die heilige Stadt erleuchtete. Der Tempel wurde von den Götzenbildern befreit. Alles war für die Wiedereinweihung bereit, nur das ewige Licht des siebenarmigen Leuchters, der Menora, mußte noch angezündet werden.*

*Dazu durfte aber nur ein bestimmtes rituell hergestelltes Öl verwendet werden.*

*Wie war die Enttäuschung groß, als man nur noch ein kleines Kännchen fand, dessen Öl die Flammen höchstens einen Tag nähren konnte, denn acht Tage benötigten die Priester, um neues Öl für das ewige Licht bereiten zu können.*

*Da ließ der Ewige ein Wunder geschehen.*

*Die Lichter der Menora brannten nicht einen Tag, sondern zwei, drei, vier, fünf, sechs, sieben, ja acht Tage, bis das ewige Licht mit neugeweihtem Öl gespeist werden konnte.*

Na, Petra, was bedeutet Chanukka?« fragt der Tate am Schluß dieser spannenden Geschichte.

»Also, Chanukka bedeutet ›Einweihung‹, denn acht Tage hatte es gedauert, bis der Tempel gereinigt war, und acht Tage hatte das ewige Licht gebrannt mit dem Öl für einen Tag.«

»Richtig«, meint der Tate zufrieden, »und jetzt wird *getreidelt;* gleich geht die Kerze im Chanukkaleuchter aus, dann ist der festliche Abend zu Ende, und Petra muß in ihr Bett. Hier geb' ich euch Frauen jeder zehn Groschen Chanukkageld, damit wollen wir treideln.«

Wir legen jeder einen Groschen in die Mitte des Tisches. Der Tate zieht einen kleinen Kreisel mit hebräischen Buchstaben aus seiner Jackentasche und läßt ihn auf dem Tisch tanzen. Wir versuchen gebannt, dem ekstatischen Wirbel der Buchstaben zu folgen, dem hebräischen ג, dem ש, dem ה und dem נ. Der Kreisel fällt mit einem gedämpften Klick auf die Tischdecke. Das Sch wie ›schlecht‹ liegt oben, der Tate muß einen Groschen geben. Jetzt dreht die Mame den Treidel. Der Buchstabe H wie ›halb‹ bleibt oben, die Mame darf die Hälfte der Groschen auf dem Tisch einstreichen. Jetzt läßt Erna den Treidel kreisen. Das N wird sichtbar: ›nichts‹. Jetzt bin ich dran.

Ich denke nur: ›Bitte das G.‹ Der Treidel wird langsamer; neigt sich zu ›schlecht‹; ich schließe kurz die Augen, da rufen die Erwachsenen schon

fec. M. Oppenheim
Das Licht- oder Weihefest (Chanuka)
Verlag A J Hofmann, Frankfurt a M

»Gut« und klatschen vor Freude in die Hände. Richtig, das G liegt oben. Ich darf alle Groschen auf dem Tisch in meine gut duftende Seifendose geben, die mir Erna für meine Chanukkagroschen geschenkt hatte.

Jetzt flackert die Kerze in der Menora noch einmal kurz auf. Im kämpfenden Licht singen wir alle das Chanukkalied:

*»Ma'os zur jeschuati*
*L'cha na'e l'schabeach ...«*
(Fester Felsen meiner Erlösung
Dich ist gut zu loben ...)

Dann ist der erste Chanukkaabend zu Ende. Der Tate: »Gute Nacht, *leila tof,* mein Kleiniken, morgen abend spielen wir Karten, mal sehn, ob du da auch so viel *Masel* hast.«

Im Schein des dritten Chanukkalichts erzählte uns die Mame ein Gleichnis von Theodor Herzl:

*»Die Menora*
*Die Geschichte berichtet von einem glücklichen Mann, einem begabten Maler. Um seine jüdische Herkunft kümmerte sich der Künstler nicht mehr – bis sich die Zeiten für die Juden um ihn änderten.*

*Die Angriffe auf seine Glaubensgenossen schmerzten ihn und trafen sein Herz. Er spürte: ›Aus der Judennot kann es nur einen Ausweg geben; die Heimkehr zu den Wurzeln.‹*

*Seine Freunde schüttelten die Köpfe über ihn, und einige meinten gar: ›Na, jetzt ist er meschugge geworden, nicht mehr ganz richtig im Kopf.‹*

*Er kümmerte sich nicht um den Spott seiner Mitmenschen, sondern kehrte zum Glauben der Väter zurück. Und von nun an wollte er auch seine Kinder zu guten Juden erziehen.*

*So schaffte er vor Chanukka für seine Familie eine Menora an. Als er den Leuchter in den Händen hielt, ergriff ihn ein noch nie gekanntes erhabenes Gefühl. Der Künstler erblickte in der Menora die Gestalt eines Baumes, den starken Stamm in der Mitte und links und rechts die vier Zweige, gleich stark und gleich hoch. Ganz besonders bewegte der einsame Schames, der neunte, nach vorne weisende kurze Arm, sein Herz.*

*In den Chanukkatagen malte er für seine Kinder eine Menora, die seine Empfindungen widerspiegelte.*

*Ein Baum mit schlanken Ästen, Blütenkelche, in denen Lichter steckten.*

*So verstrich die Chanukkawoche im Flug, und es kam der achte Tag, an dem alle Lichter und auch das neunte, der Schames, ihre Helligkeit verströmten. Da spiegelte sich der Glanz der Lichter in den Augen seiner Kinder, und plötzlich wußte er: Erst brennt ein Licht einsam, und der Einsame ist traurig und fühlt sich verlassen. Aber bald kommt ein Getreuer zum anderen. Die Finsternis muß weichen, und Freude kehrt in alle Seelen ein, über das getane Werk. Unser Jude spürte, kein Amt kann beglükkender sein als das ›des Dieners am Licht‹.«*

Die Geschichte ging mir sehr nahe, und endlich konnte ich erzählen, wie es zu der zerbrochenen Tasse im Kaufhaus gekommen war.

Spät in der Nacht hörte ich meine Eltern in ihrem Schlafzimmer scharf miteinander sprechen.

Ich huschte leise auf den Korridor, um zu lauschen. Die Mame: »Da siehst du's!«

Der Tate: »Nein, und nochmals nein! Ich dulde keinen Weihnachtsbaum in unserem Wohnzimmer!«

Die Mame: »Das arme Kind, alle in ihrer Klasse haben einen Weihnachtsbaum.«

Der Tate: »Aber keinen Chanukkaleuchter. Außerdem hat Petra in der Küche Ernas Adventskranz und in der *Nitlnacht* in Ernas Zimmer einen Weihnachtsbaum. Dann bekommt sie von ihrer Erna ein Weihnachtsgeschenk, wird mit Marzipankartoffeln und Dominosteinen vollgestopft, und Erna erzählt uns allen nach dem Weihnachtsgansessen die Geschichte vom Mädchen mit den Streichhölzern. Ich denke, das ist genug Weihnachten für ein jüdisches Kind!« – Ich glaubte, ein energisches Lichtausknipsen zu hören. Klick. Danach kehrte eine traurige Ruhe ein.

Eine Woche später chauffierte uns der Tate in den schneekalten Bayrischen Wald. Vor dem Hotel wuchs eine riesige Fichte, geschmückt mit elektrischen Kerzen und diamantglitzerndem Reif. In der Hotelempfangshalle stand ein Weihnachtsbaum: rote Kugeln, rote Schleifen, rote Kerzen.

Im Speisesaal verströmte eine mit Kugeln, Lametta, Wachskerzen, Äpfeln und Plätzchen behangene Leckertanne appetitlichen Wohlgeruch.

In den Zimmern standen Weihnachtsteller, randvoll mit Plätzchen und Nüssen, die jeden Tag aufgefüllt wurden. Am Weihnachtsabend häuften sich unter dem Leckerbaum im Speiseraum kleine und große Geschenkpäckchen, geheimnisvoll in buntes Weihnachtspapier gehüllt und mit Namensschildchen versehen.

Ein Päckchen, das auf dem Geschenkeberg zu schweben schien, ließ mich während des Weihnachtsmenüs nicht mehr los. Immer wieder schaute ich zu dem länglichen Paket. Das Papier kam mir vertraut vor, und diese längliche Form erinnerte mich an irgend etwas ... aber an was?

Endlich, nach dem Essen, nahm der Hoteldirektor, als Weihnachtsmann verkleidet, die Bescherung in Angriff. Er rief die Namen auf den Geschenkpäckchen auf und überreichte sie feierlich. Jetzt, nein, wieder nicht »Petra!« Nun wurden erst einmal die drei dicken Kinder vom Nebentisch aufgerufen. Aber das längliche Geheimnis blieb unberührt. Dann hallte der Tenor des Direktors: »Petra!«

Ich stehe auf wie im Traum. Der Weg durch den Saal will nicht enden. Alle sehen auf mich. Der Weihnachtsmann streckt mir ein quadratisches Päckchen entgegen. Wie in Trance sage ich »Danke« und nehme enttäuscht das für mich bestimmte Geschenk, ein weiches Paket, an mich. Wie magnetisiert kann ich aber das längliche nicht aus den Augen lassen. Immer noch balanciert es unberührt auf dem Geschenkeberg.

Schließlich wende ich mich doch zum Gehen, aber mein Rückweg wird von den Worten gebremst: »Halt, du hast vielleicht ein Glück! Für dich hat mein amerikanischer Kollege, der Santa Claus, noch ein Geschenk abgegeben.« Ich drehe mich um, und jetzt reicht mir der Weihnachtsmanndirektor das längliche Wunder.

Die Bleisohlen fallen von meinen Füßen, und ich fliege zu unserem Tisch zurück, reiße unter den freundlich-mißbilligenden Blicken der Erwachsenen das schöne Geschenkpapier auseinander. Sichtbar wird ein weißer Kasten. Ich öffne den Deckel, und da liegt ›Sarahle‹! – sechzig Zentimeter groß, mit geschlossenen Klimperaugen und langen blonden Haaren. Sie hält eine Karte in ihren Händen:

*Für meine Goldene, ein gesundes und fröhliches neues Jahr.*
*In Liebe und Sehnsucht Dein Seide*

*PS. Ich glaube, sie heißt Sarah.*

Das andere Geschenkepäckchen war von meiner Erna: eine komplette Garderobe für das blonde Sarahle.

# *Purim*

Der Fastentag Esther wurde in unserer Familie nicht eingehalten, aber das Essen fiel an diesem Tag vor Purim, dem Losfest, sehr mager aus. Spätestens seit meiner Schulzeit bekam ich statt meines appetitlichen Nachmittagskakaos dünnen schwarzen Tee ohne Zucker. Dafür erzählte uns der Tate die Geschichte um die Königin Esther, die uns am Abend in der Synagoge auf hebräisch noch einmal vorgetragen werden sollte:

*»Kommt, meine Schönen, kommt mit mir in das große persische Reich, dreihundert Jahre vor der neuen Zeitrechnung. Kommt in die Burgstadt Susa, wo der Jude Mordechai Dienst tut am Tor des Königs.*

*Seht den mächtigen Perserkönig Ahasverus im festlichen Gewand. Seht ihn, den majestätischen Herrscher über hundertsiebenundzwanzig Provinzen von Indien bis Kusch.*

*Seht auch das falsche Leben der Juden, denn sie tragen Masken der Verstellung, führen sich auf wie Perser und verheimlichen ihre Abstammung.*

*Kommt mit mir in den Palast des Königs Ahasverus zu dem Gelage anläßlich seiner Thronbesteigung vor drei Jahren! Der König hat geladen, und alle, alle sind gekommen: seine obersten Heeresführer, die Statthalter der Provinzen und die Vornehmen des Reiches.*

*Ahasverus stellt seine königliche Pracht, seinen Reichtum und seine Herrlichkeit mit Prunk und Pomp zur Schau. Schon an die hundertachtzig Tage dauert das gewaltige Fest.*

*Und in diesen Tagen hat der König alle aus Susa, vom Geringsten bis zum Feinsten, zu einem Festmahl in seinen Hofgarten eingeladen. Man trinkt aus goldenen Bechern ungeheure Mengen des königlichen Weins.*

*Auch die Königin Waschti gibt im Palast ein Festmahl für die Frauen.*

*Nach sieben Tagen ist der König schiker vom Wein, und er befiehlt, daß man seine Frau, die Königin Waschti, geschmückt mit der königlichen Krone, zu ihm bringe. Alle Fürsten und die Männer aus dem Volke sollen ihre ungewöhnliche Schönheit bewundern können.*

*Doch die Königin weigert sich, vor all den Fremden ihre Schönheit zur Schau zu stellen.*

*Das erbost den König. Nach dem Rat der Weisen verstößt er Waschti. Sie soll ihm nie, nie wieder unter die Augen treten und muß den Palast verlassen.*

*Es dauerte aber gar nicht lange, da dachte der König immer wieder an seine Waschti. Um ihn auf andere Gedanken zu bringen, wurden die schönsten Mädchen des Reiches aufgefordert, vor ihrem König zu erscheinen, damit er unter ihnen seine neue Königin auswähle.*

*In dem Haus Mordechais, in der Burg Susa, wuchs die bezaubernde Hadassa, die auch Esther gerufen wurde, auf. Das Kind seines Onkels hatte Mordechai nach dem Tod der Eltern an Kindes Statt angenommen.*

*Bevor Esther dem König vorgestellt wurde, ermahnte Mordechai sie, nichts von ihrer jüdischen Abstammung zu erwähnen.*

*Im siebten Jahr der Regierung des Königs wurde Esther dem Ahasverus vorgestellt. Der König fand gleich Gefallen an der schönen, anmutigen Esther, setzte ihr die königliche Krone auf das Haupt und erhob sie so zur Königin an Waschtis Statt.*

*Eines Nachts hörte Mordechai zufällig, wie zwei unzufriedene königliche Kämmerer Geheimnisvolles untereinander besprachen. Er versuchte mehr über die rätselhaften Pläne zu erfahren und entdeckte so die Vorbereitungen der beiden Beamten zu einem Attentat auf den König.*

*Im Auftrag Mordechais berichtete Esther dem König von der Verschwörung.*

*Aus Dank für die Vereitelung des ruchlosen Plans ließ der König die Begebenheit in seiner Chronik festhalten. Doch die Zeiten ändern sich oft schneller als der launische Wind seine Richtung.*

*König Ahasverus erhob Haman zum zweitmächtigsten Mann in seinem Großreich, und alle Diener des Palastes mußten Haman durch Kniefall huldigen.*

*Allein Mordechai verweigerte Haman diese Ehrung. Denn nur vor dem Ewigen wollte er sein Knie beugen.*

*Die Palastwachen fragten Mordechai Tag für Tag nach den Gründen dieses ungehörigen Verhaltens. Da faßte Mordechai Mut, warf seine Maske ab, stand aufrecht und sagte ihnen, daß er Jude sei.*

*Die Wächter berichteten dieses alles Haman.*

*Da erstand er, der Judenhasser, der ewige Antisemit, in der Gestalt Hamans. Nicht nur Mordechai wollte er vernichten, sondern Rache üben an allen Juden im Reich, Männern, Frauen und Kindern.*

*Durch das Los, auf persisch ›Pur‹, bestimmte Haman, der Gewaltige, den Tag der Vernichtung.*

*Zum König sprach Haman, mit der vergifteten Zunge des Hasses: ›Es gibt ein Volk in deinem großen Reich, Erhabener, das zerstreut lebt in allen Provinzen. Dieses Volk sondert sich ab von allen anderen Völkern durch eigene Gesetze, und die Gesetze des Königs befolgt es nicht. Laßt mich diese unbotmäßigen Menschen ausmerzen, und ich werde die Schatzkammer des Erhabenen mit zehntausend Kikar Silber anfüllen.‹*

*Zum Zeichen seines Einverständnisses zog König Ahasverus seinen Siegelring vom Finger und übergab ihn Haman, dem Judenfresser.*

*Am Tage des 14. Adar erteilte Haman den Befehl zur Tötung aller Juden, auch an die kleinsten Provinzen des Großreiches von Indien bis Äthiopien, und drückte auf seinen Erlaß das Siegel des königlichen Rings.*

*Als Mordechai von diesen Vorbereitungen erfuhr, zerriß er seine Kleider, streute sich Asche auf sein Haupt und lief laut klagend durch die Stadt. So gelangte er bis an die Pforte des königlichen Palastes – aber nicht weiter, denn in Sack und Asche durfte niemand den Palast betreten.*

*Als die Königin Esther von der Trauer Mordechais erfuhr, schickte sie ihren Diener Hatach an die Pforte, um zu erfahren, was vorgefallen sei.*

*Ihr Oheim gab Hatach eine Abschrift des von Haman erlassenen Gesetzes gegen die Juden und forderte Königin Esther auf, sich für ihr Volk beim König einzusetzen.*

*Doch Esther zögerte aus Angst, mußte doch nach dem Gesetz jeder, Mann oder Frau, der ungerufen vor dem König erschien, sterben; es sei denn, der Ungerufene fände Gnade vor den Augen des Herrschers und dieser strecke ihm sein goldenes Zepter entgegen. Nach Esther hatte der König seit dreißig Tagen nicht mehr verlangt.*

*Da ließ Mordechai ihr ausrichten: ›Glaube ja nicht, daß du dich als einzige von allen Juden retten könntest, nur weil du im Palast des Königs lebst. Wer weiß, ob du nicht gerade deshalb Königin geworden bist, weil du uns retten sollst!‹*

*Esther fastete mit allen Juden in Susa drei Tage und drei Nächte, bevor sie, angetan mit dem königlichen Gewand, vor Ahasverus trat.*

*Sie fand Gnade vor den Augen des Herrschers; dieser reichte ihr sein Zepter und fragte nach ihrem Verlangen. Da lud Esther ihn und Haman zu einem Festessen am Abend in ihre Gemächer ein.*

*Zur späten Stunde beim fröhlichen Mahl fragte der König: ›Was hast du für einen Wunsch, Königin Esther? Was hast du für eine Bitte? Alles sei dir gewährt, und fordertest du auch die Hälfte meines Königreiches.‹*

*›Meine Bitte und mein Wunsch an dich, Erhabener, sind nur diese: Besuche mich morgen, begleitet von Haman, wieder zu einem Gastmahl.‹*

*Der König nahm gerne die Einladung an, und Haman*

*fühlte sich geehrt durch die scheinbare Gunst der Königin. In der Nacht konnte der König nicht schlafen, und zum Zeitvertreib ließ er sich aus seiner Chronik vorlesen. Dabei erinnerte er sich an das vereitelte Attentat, an seinen treuen Diener und daran, daß dieser noch immer keine Belohnung erhalten hatte.*

*Vor seinem Haus überwachte Haman hämisch den Aufbau des fünfzig Ellen hohen Galgens, den er für Mordechai bestimmt hatte, als der König ihn rufen ließ, um ihn zu fragen: ›Was soll mit einem Mann geschehen, den der König besonders zu ehren gedenkt?‹*

*Haman dachte natürlich sofort an sich und forderte: ›Dieser soll von einem hohen Fürsten in ein königliches Gewand gekleidet und auf ein Pferd gesetzt werden, auf dem sonst nur der König reitet. Man soll ihn durch die Stadt führen und dabei ausrufen: ‚Seht, so geht es einem Mann, den der König besonders ehren will.'‹*

*Das gefiel dem König, und er erteilte Haman den Befehl, so an Mordechai zu handeln. Dieser mußte folgen und seinen Feind in eben der Form ehren, die er für sich selbst ausgedacht hatte.*

*Am Abend beim Wein saßen der König und Haman wieder vergnüglich in Esthers Gemächern, und der König fragte die Königin wie den Abend zuvor nach ihrem Begehren. Da sprach Esther: ›Wenn ich Wohlwollen bei meinem König gefunden habe und es ihm gefällt, dann möge er mir und meinem Volk das Leben schenken, denn man hat uns verkauft, um uns zu erschlagen, zu ermorden und auszurotten.‹*

*›Wo ist der Mann, fuhr Ahasverus auf, der es wagt, so etwas anzuzetteln?‹*

*Da antwortete Esther: ›Dieser gefährliche Feind sitzt mit uns zu Tische, es ist Haman.‹*

*Der König erhob sich voller Wut und ging in den Schloßgarten. Haman warf sich vor die Füße Esthers und bat um sein Leben. Als der König in das Gemach zurückkehrte, lag Haman hingesunken dicht neben Esther auf ihrem Polster.*

*Da rief der Herrscher angeekelt: ›Will er noch Gewalt antun der Königin in meinem Palaste?‹ Da erblaßte Haman.*

*Der König erteilte Befehl, den Judenhasser Haman und seine zehn Söhne an dem Galgen aufzuhängen, den Haman Mordechai zugedacht hatte.*

*Mordechai übertrug er Hamans Amt und überließ ihm seinen königlichen Siegelring. So wurde das Schicksal gewendet, und unter den Juden herrschte große Freude.«*

Damit beendete der Tate seine Erzählung – natürlich nicht, ohne uns noch eine Frage zu stellen: »Nun, meine schönen Königinnen, könnt ihr mir sagen, wer in dieser historischen Erzählung, die Mordechai und Esther für uns aufschreiben ließen, nicht erwähnt wird, obwohl Er der eigentliche Retter unseres Volkes ist? Das ist sehr schwierig …«

Doch ich wußte es noch vom letzten Jahr: »Der Ewige, gepriesen ist sein Name.«

»Ja«, antwortete mein Tate, »die Rettung ist stets nah: ›*Mir lebn ejbig.*‹«

Nach dieser Aussage zog sich der Tate sehr nachdenklich in sein Arbeitszimmer zurück. Bei uns blieb eine Traurigkeit vor der Purimfreude, die mich an meine erste Begegnung mit dem Seide erinnerte.

Aber am Abend, auf dem Weg zur Synagoge, war die Stimmung festlich gehoben. Ich fühlte immer wieder in meiner Manteltasche nach, ob ich auch ja meine Ratsche nicht vergessen hätte: das wichtigste Rüstzeug der Kinder für die Lesung der *Megilla Esther* in der Synagoge.

Der Kantor intoniert seinen Vortrag aus der Schriftrolle Esther so abwechslungsreich, daß die ganze Gemeinde die dramatischen Ereignisse miterlebt.

Wenn der Vortragende den Namen Haman nennt, machen die Kinder einen höllischen Krach mit ihren Purimratschen.

Fröhlich und ausgelassen ist die Stimmung an Purim. Es ist ein Volksfest mit Maskeraden wie an Karneval.

Am Purimtag schlüpfte ich gleich nach der Schule in mein Kostüm. Meistens verkleidete ich mich als Königin Esther oder als Clown.

Nach dem Mittagessen verteilte ich wunderbare *Hamantaschn,* das Purimgebäck, als *Schlachmones*

(Gaben) in den Büroräumen und an unsere Nachbarn im Haus. Danach setzten wir uns an den Kaffeetisch, um diese Köstlichkeiten, Teigbeutel mit Mohn gefüllt, selbst zu genießen. Ein Gebäck, für dessen Herstellung die Mame ihr geliebtes Büro verließ, um sich mehlbestäubt mit Butter, Milch, Hefe, Mohnsamen und Backofen auseinanderzusetzen. Die Form der Hamantaschn soll uns erinnern an Hamans große Spitzelohren.

Auch meine Eltern feierten manchmal Purim mit Freunden in unserer Wohnung. Girlanden wurden dann aufgehängt, alberne Papphüte und -nasen verteilt. Die Teppiche waren zusammengerollt, und alle schwangen das Tanzbein.

## Ein Purimspiel

An einem dieser Abende führten wir für unsere Gäste einen Purimsketch auf.

Die Krone meines Königin-Esther-Kostüms wurde für das Spiel durch ein rotes Käppchen ersetzt.

Der Sketch wurde von der Mame, als Großmutter verkleidet, eingeleitet. Es ging so oder so ähnlich:

Großmame: *Liebe Gäste, für euch nur das Beste!*
*Heut das Purimspielchen: ›Rotkäppchen-Esther‹.*

Verlag A. J. Hofmann, Frankfurt a. M.
Purim
fec. M. Oppenheim

Die Mame schlägt unsren Essensgong.
*Das Spiel soll beginnen,*
*Darsteller, kommt raus!*
*Wir befinden uns in Großmames Haus.*

Die Mame schlägt noch einmal den Gong, dann geht sie ab. Der Tate tritt wild um sich guckend auf. Er hat unsere braune Zotteldecke um sich geschlungen. An jedem seiner Ohren hängen braune Lappen, und seine Hände stecken in großen Handschuhen. Auf dem Kopf aber trägt er ein Großmutter- Häubchen.

Haman-Wolf: *In unserem Purimspiel bin ich Haman,*
*ihr könnt mich heute leicht erkennen.*
*Als böser, gefräßiger Wolf werd' ich euch erschrecken*
*und eure Rotkäppchen-Esther vor aller Augen fressen!*
*Die Großmame, die trockne Kost,*
*die ist in meinem Bauch schon fort.*
*Drum bin ich auch so dick und rund,*
*nur trocken ist mein armer Schlund.*
*Den Purimwein vom Rotkäppchen-Esther, den werde ich bald haben! Krrrr!*
*Ich hör das süße Kind schon antraben.*

Haman läßt sich in einen Schaukelstuhl fallen.
*Aha, es klopft, jetzt ist es da!*

Esther: *Schalom, du liebe Großmama.*
*Heute, Purim, bin ich gekommen, dich zu laben,*
*du sollst den besten Wein und die feinsten Bissen*
*von König Ahasverus', meines Gatten Tafel haben.*
*Ach, ja eh' ich's vergesse:*
*Im finsteren Wald, da hab' ich den Haman getroffen,*
*wenn du mich fragst, also Entschuldigung, der war total besoffen.*
*Der gefräßige Antisemit!*
*Als böser Wolf hatte er sich heute verkleidet.*
*Das Los ist gefallen,*
*es wird ihm verleidet.*
*Meinen Oheim, den Jäger-Mordechai, werde ich ihm schicken,*
*der soll ihn mit seiner Flinte zwicken.*

Haman-Wolf: *Den Jäger, nein, den braucht es nicht!*
*Komm lieber näher, du süßer Fratz*
*jetzt zaus' ich dich mit meiner Tatz!*

Esther kommt zögernd näher.

Esther: *Warum hast du denn so große Ohren an?*

Haman-Wolf: *Damit ich dich besser hören kann!*

Esther: *Und warum hast du so große Hände, sag an?*

Haman-Wolf: *Damit ich dich besser packen kann!*

Haman greift sich Esther und beide ringen miteinander. Da tritt Mordechai – es ist ein Freund des Tate – als Jäger verkleidet auf. Er sieht sehr lustig aus. Er trägt kurze Lederhosen und grüne Kniestrümpfe, ein Pappgewehr lässig über die Schulter gehängt und im Gesicht einen weißen Bart und Schläfenlocken aus Engelshaar.

Mordechai: *Halt!*
*Grad komm' ich noch zur rechten Zeit,*
*ich, Mordechai, heut als Jägersmann,*
*daß ich meine Schöne retten kann!*
*Rotkäppchen-Esther, siehst du denn nicht, mit wem du da raufst?*
*Mit Haman, dem ewigen Antisemiten!*
*Im Wolfspelz wollte er dich fressen.*
*Hast du heute, an Purim, die Megilla Esther vergessen?*

Haman-Wolf: *Oh weh, Mordechai!*
*Jetzt will er mir den Bauch aufschlitzen,*
*das wird ihm aber nichts mehr nützen!*
*Die Großmutter ist schon verdaut,*
*Mordechai, was willst du mich vernichten?*
*Tu lieber drauf verzichten!*

Mordechai: *Hör auf zu jammern, du Bösewicht.*

*An Purim mag ich mich nicht plagen,*
*sollst aber nichts zu trinken haben.*

Haman-Wolf: *Mitleid!*
*Der Durst läßt mein Blut fast stocken,*
*die Alte war wohl etwas trocken.*

Mordechai: *Rotkäppchen-Esther, hilf mir,*
*wir werfen ihn raus!*
*Haman muß aus dem Haus!*
*Ich will meinen Wein unbeschwert genießen,*
*und meine Purimfreud begießen.*

Haman-Wolf: *Auch ich will Wein,*
*du Judenschwe...!*

Esther und Mordechai drängen den Haman aus der Tür.

Mordechai: *Das Fluchen, Haman, nützt dir nichts.*
*Ein anderes Mal, da mußt du hängen,*
*heut tun wir dich nur von der Bühne drängen.*

Der Wolf ist weg.

Esther: *Oh, schrecklich, schrecklich,*
*wir haben ganz vergessen,*
*der Wolf hatte doch die Großmame gefressen.*

Mordechai: *Rotkäppchen-Esther, was sagst du da?*
*Man frißt doch keine Großmama!*
Der *Wolf war nur auf Märchen aus,*
*und du, du glaubst an solchen Schmaus?*

Esther: *Du glaubst ihm nicht?*
Mordechai schüttelt den Kopf.
Esther: *Dann sag mir nur,*
*ich seh von ihr hier keine Spur.*
Mordechai: *Vorhin hat sie doch hier gegongt.*
*Die Gute wird bei den Nachbarn*
*Schlachmones verteilen,*
*oder beim Kartenspielen sich mit ihnen verweilen.*
Esther: *Aha, da kommt sie ja!*
Mame kommt mit Hamantaschen, und während sie diese unter den Gästen verteilt, spricht sie:
Großmame: *Zu Ende ist unser Purimspiel,*
*jetzt wollen wir Hamans Ohren essen.*
*Den Purimwein auch nicht vergessen,*
*ihn trinken, bis wir schiker sind.*
*An Purim ist alles frei!*
*Vom Rotkäppchen hatten hier alle schon gehört,*
*doch es zu sehn beim Purimspiel,*
*als Königin Esther, das war zuviel …*
*Lachaim, zum Wohl, lachaim!*

Jetzt kam das Fest in Schwung. Fröhlichkeit, Essen und Trinken ist Gebot dieser verrückten Stunden. Der Rausch, den sich die Erwachsenen an diesem Abend antrinken, soll an das Weingelage erinnern, bei dem Esther dem König von dem furchtbaren Plan Hamans berichtete und so die Juden vor einem schlimmen Los bewahrte. Bei unseren Weisen heißt es: »Jeder soll an Purim soviel Wein trinken, daß er zwischen ›Verflucht sei Haman‹ und ›Gelobt sei Mordechai‹ nicht mehr unterscheiden kann.«

# *Pessach*

Kaum hatte der Staubsauger die letzten Konfettischnipsel unserer Purimparty eingesaugt, ergriff die Hektik des Frühjahrsputzes die Mame und meine Erna.

Der Tate zieht sichtlich genervt an seiner Zigarre, als die Mame ihn immer wieder auf ihre Renovierungsvorstellungen anspricht. Erst als sie verspricht, das Arbeitszimmer des Tate nur gründlichst zu säubern und seinen Schreibtisch garantiert unberührt zu lassen, kommt es zur Einigung.

Das Wohnzimmer erhält eine neue Tapete, die Küche und der lange Korridor bekommen einen neuen Anstrich.

Plötzlich sind die Fenster nackt, die Gardinen sind verschwunden. Zusammengerollte Teppiche werden von einem Reinigungsinstitut abgeholt.

Dann kommen die Tage der Maler. Männer turnen geschickt, von lauter Musik aus Kofferradios unterstützt, auf hohen Brettern, die von Leitern getragen werden, und klecksen mit Farbe und Leim herum. Die Nerven der Mame und meiner Erna sind gespannt wie Flitzebogen vor dem Abschuß. Der Tate unternimmt eine ›sehr wichtige‹ Reise zu seinem Geschäftsfreund nach Straßburg.

Als er nach drei Tagen zurückkehrt, strömt die

Wohnung betäubenden Renovierungs- und Putzmittelgeruch aus.

Wir sitzen im Wohnzimmer, das der Teppiche und Gardinen beraubt ist, als der Tate meine Erna fragt: »Glaubst du, daß du in diesem Jahr den *Chomez,* also den gesamten Sauerteig und alles, was Hefe enthält, allein aus unserer Wohnung vertreiben kannst? Herr und Frau Levental haben uns zum ersten *Sederabend* des Pessachfestes, an dem wir uns an den Auszug der Kinder Israels aus Ägypten erinnern, nach Straßburg eingeladen. Das paßt dieses Jahr sehr gut, Petra hat ja Osterferien.«

Der Tate zieht Fotos aus seiner Jackettasche: »Das sind die Leventals mit ihren Töchtern Hanna und Mirjam, und das ist die Schwester von Frau Levental, Frau Tarr, mit ihrem Mann und ihrem Sohn André. Der Kleine ist gerade vier geworden, ein pfiffiges Kerlchen; dieses Jahr wird er als jüngster Mann an der *Sedertafel* die vier Fragen des Abends stellen.«

Ich schaue mir die Bilder etwas skeptisch an: »Das sind ja alles Babys«, bemerke ich enttäuscht.

»Petra! Die Bilder sind nicht die neuesten, Hanna ist ein Jahr jünger als du und in der ersten Klasse, Mirjam ist fünf. Es gibt leider wenige jüdische Kinder in deinem Alter, aber ich freue mich sehr darauf, mit so vielen Kindern am Tisch Pessach feiern zu können. Schlafen werden wir im

Häuschen der Leventals. Die Mame und ich im Gästezimmer, und Petra schläft mit den Mädchen im Kinderzimmer, im Hochbett ganz oben. – Eine Wucht, nicht wahr?«

Einen Tag vor dem Sederabend, dem Abend der Ordnung, fahren wir in unserem schwarzen Opel nach Straßburg. Am späten Nachmittag biegen wir in die ruhige Straße, in der das Reihenhaus der Leventals steht, ein. Wir werden schon ungeduldig erwartet. Herr Levental öffnet uns das Tor zur Garageneinfahrt. Hanna und Mirjam stürmen, gefolgt von Frau Levental, aus dem Haus. Nach einer herzerwärmenden Begrüßung und der unumgänglichen Hausbesichtigung bekommen wir Mädchen ein wenig Zeit, beim Spielen Tuchfühlung aufzunehmen. Gerade als ich im Kinder-Kaufladen Mazzemehl an Mirjam und Hanna verkaufen will, ruft uns Herr Levental: »Wollt ihr uns nicht helfen, alles Gesäuerte im Haus aufzuspüren?« Wir stürmen die Treppe herunter. In der Küche steht Herr Levental mit einer brennenden Kerze in der einen und einem Federwisch in der anderen Hand. Frau Levental ist mit Schaufel und Handfeger bewaffnet, meine Mame mit einem Teppichkehrer und der Tate mit einem rosa Einkaufsbeutel für das Aufzuspürende. Wir Kinder durchstöbern nicht nur den Brotkasten oder – mit lautem Geklapper – die Töpfe in der Küche, auch die sonst verbotenen Schubladen im

Eigenthum u. Verlag von Joseph Spiro, Berlin W. 35

Chamez batteln (Wegräumen des gesäuerten Brodes am Vorabend des Osterfestes)

Wohnzimmer werden aufgezogen, und in Ecken, unter Decken und Häkeldeckchen wird nach Brotkrumen gefahndet.

Herr Levental entdeckt meistens an unseren kitzligsten Stellen Brotkrümelchen, die er mit seinem Federwisch zu entfernen versucht. Das steigert den Geräuschpegel des fröhlichen Tohuwabohus ins Euphorische. Frau Levental unterstützt die wilde, laute Suche mit hilfreichen Zurufen wie »Heiß!« oder »Kalt!«. Hat sie doch an den verrücktesten Plätzen altbackenes Brot oder lekkere Hefestückchen versteckt.

Am nächsten Morgen sitzen wir in der Küche und versuchen, unsere gestrige Beute von köstlichem Chomez zu verzehren, das letzte Gesäuerte für die nächsten sieben Tage.

Mein Tate und Herr Levental sind im Garten schon damit beschäftigt, ein Feuer anzuzünden: »Kommt schnell, um elf Uhr zweiundzwanzig muß alles, was Hefe enthält, aus dem Haus verbannt sein!« Theatralisch werfen wir die Reste des Chomez in die Flammen.

Der Hausherr stellt befriedigt fest, daß aus seinem Haus alles Chomez beseitigt worden ist, und versichert, daß nun alles seine Ordnung hat, mit den Worten: »... und falls etwas nicht aufgespürt worden ist, erkläre ich es für herrenlos und nichtig.«

Jetzt gibt es also nur noch *Mazze* im Haus, aber

die Vorbereitungen für das Fest des Auszugs der Kinder Israels aus Ägypten sind noch lange nicht zu Ende. Meine Mame und Frau Levental ziehen sich in die Küche zurück, um das Festessen gemeinsam vorzubereiten.

Wir Kinder bekommen die Aufgabe, das kostbare weiße Geschirr mit dem Goldrand aus dem Wohnzimmerschrank abzuwaschen, hat es doch ein ganzes Jahr Zeit zum Einstauben gehabt. Nur zu Pessach wird es benutzt, so ist es garantiert nie mit Sauerteig in Berührung gekommen.

Danach bekommen wir weiße Tischkarten, die wir mit Pessachsymbolen oder Frühlingsblumen bemalen, bevor ich als die Älteste die Namen der Teilnehmer an unserer Pessachgesellschaft darauf schreiben darf.

Kaum bin ich damit fertig, werden wir in die Küche gerufen, um bei der Herstellung der *Charosset* behilflich zu sein.

Äpfel müssen geschält, kleingeschnippelt und zu Mus gestampft werden. Frau Levental gibt Mandeln, Rosinen, Zucker und ein wenig Zimt dazu, bevor meine Mame die Masse gründlich verrührt.

»Ja, jetzt nimmt die Charosset die bräunliche Farbe des Lehms an, aus dem die jüdischen Sklaven in Ägypten Ziegel brennen mußten. Ihr Mädchen dürft sie jetzt auf die Dessertteller verteilen, aber nascht nicht zuviel, sonst haben wir heute abend keine Charosset mehr, die uns an die schwere Fron in Ägypten erinnert«, warnt Frau Levental belustigt.

Nach einer kurzen Nachmittagsruhe kommt Frau Tarr mit André, um bei den letzten Festvorbereitungen zu helfen. Mir erlaubt sie gleich, sie wie die anderen Mädchen ›Tante Rifka‹ zu nennen. Den Frauen in der Küche ruft sie zu: »Schalom, ich habe noch eine Seder-Platte mitgebracht.«

In den Armen hält sie herrliche Blumen: »Die dürft ihr in der Bodenvase im Wohnzimmer arrangieren, denn mit der Pessachfreude zieht auch der Frühling in jedes Haus.« Danach eilen wir in den Garten, um Gänseblümchen und Löwenzahn zu sammeln. Im Wohnzimmer ist der große Tisch ausgezogen, ihn schmückt eine blaue Tischdecke mit bunter Blumenborte. Auf ihr verstreuen wir unsere Blütenpracht, als Tante Rifka ein überladenes Tablett mit Tellern und Besteck ins Wohnzimmer schleppt. Durch die geöffnete Tür hören wir Frau Levental: »Wir sind heute elf Personen, ja, fünf Kinder und sechs Erwachsene, hoffentlich habe ich zwölf gute Weingläser.«

Mein Tate sucht mit Herrn Levental im ganzen Haus elf bequeme Stühle mit gemütlicher Rükkenlehne für unsere Sedertafel zusammen. Den komfortabelsten stellen sie für den Hausherrn, der den heutigen Sederabend leiten wird, an den Kopf des Tisches. André schleppt zwei riesige Kissen mit Seidenbezügen herbei, um den ›Thron‹ zu polstern. »Ja, mein Sohn, dein Onkel Berl ist heute abend ein König«, bestätigt Tante Rifka.

Endlich gehen die Männer in die Synagoge, und wir Frauen haben Ruhe, um die Sedertafel zu vervollständigen. Den Mittelpunkt bilden die Seder-Platten, große runde Teller, auf deren Boden zuerst drei *Mazzes* gelegt werden. Danach faltet Frau Levental eine weiße Serviette dreimal mit geschickten, schnellen Fingern und bedeckt mit ihr die Mazzes. Obenauf legt meine Mame einen fast fleischlosen Knochen und ein hart gekochtes Ei. Tante Rifka ordnet die bitteren Erdfrüchte: geriebenen Meerrettich, Radieschen, Petersilie und Schnittlauch, um den Tellerrand. Frau Levental verteilt auf dem Eßtisch Schüsselchen mit Salzwasser und die Charosset-Schälchen, in die später das Bitterkraut zweimal eingetaucht wird. Meine Mame putzt zum ich-weiß-nicht-wievielten Male die Weingläser mit den langen Stielen, bevor sie sie neben die Teller plaziert. Das schönste Glas aus rotem Kristall stellt sie in die Mitte des Tisches zwischen die Seder-Platten: »Für unseren Propheten Elias«, bemerkt sie gedankenvoll.

Tante Rifka poliert noch einmal das Silber der zwei dreiarmigen Kerzenhalter, bevor sie sie mit blauen Kerzen, passend zur Tafeldecke, bestückt; denn feierlich hell soll es heute strahlen!

Frau Levental legt liebevoll jedem eine *Haggada* auf seinen Platz, das Buch, in dem der Ablauf des Sederabends, die Pessacherzählung und Lieder auf hebräisch und deutsch aufgeschrieben stehen. Unsere Kinderhaggada ist mit bunten Bildern verziert.

Noch einmal inspiziert die Hausfrau kritisch die feingedeckte Festtafel und rückt hier einen Löffel und da ein Glas zurecht. »Danke, ihr tüchtigen Frauen«, sagt sie gutgelaunt. »Gertrud, Rifka, ist auch alles in Ordnung, haben wir nichts vergessen? Jeden Moment müssen die Männer eintreffen.« Richtig, schon klingelt es, und die Haustür wird aufgesperrt. Herr Tarr macht sich mit meiner Mame und mir bekannt. Jetzt kann der Seder bis in die tiefe Nacht seinen vorgeschriebenen feierlichen Verlauf nehmen.

Zuerst fragt Herr Levental seine Frau: »Hast du das Haus für den Sederabend bereitet? Trägt die Sederschüssel Pessach, *Mazzot, Maror,* stehen die Weinkelche neben den *Haggadot* und schmücken Frühjahrsblumen den Raum? Nun zünde deine Kerzen an; mit dir grüßen die Frauen dieses Hauses die hohe Nacht!«

Die Kerzen werden angezündet, und Frau Levental spricht den Segensspruch.

Danach suchen wir mit Hilfe der Tischkarten unsere Plätze. Die Männer füllen roten Karmel-Wein in die Gläser der Erwachsenen. Die Gläser

fec. M. Oppenheim
Der Seder-Abend (Passahfest)
Verlag A. J. Hofmann, Frankfurt a. M.

für uns Kinder werden mit süßem blutroten Traubensaft – auch aus Israel – gefüllt.

Auch in den schönsten Kelch zwischen den Seder-Platten, den für unseren Propheten Elias, wird der rote Wein eingeschenkt.

Der Hausherr spricht den *Kiddusch* über den Wein und endet mit den hebräischen Sätzen, die übersetzt heißen: »Der erste Becher der an diesem Abend vorgeschriebenen vier erinnert uns an die bedeutsamen Worte: ›*Ich werde euch befreien vom Drucke Ägyptens.*‹«

Die Tischgesellschaft trinkt feierlich ihr erstes Glas Rebensaft.

Hanna bringt nun eine kleine Waschschüssel, und Mirjam das dazugehörige Kännchen voll Wasser, um ihrem Tate, wie vorgeschrieben, die Hände zu waschen; denn heute abend ist er ja ein König. Da ruft Frau Levental: »Jetzt weiß ich, was ich vergessen habe, das Handtuch!«

Mirjam verschüttet in der Aufregung etwas Wasser auf des Königs Hosen. Alle müssen lachen, nur Mirjam ist so erschrocken, daß sie mit ihrem Wasser auch noch eine kleine Pfütze auf dem Teppich macht. Herr Levental bleibt gut gelaunt Herr der Lage und trocknet seine Hände an seiner Serviette ab; auf seine Hose zeigend bemerkt er: »Ich habe immer geglaubt, der Mirjam-Brunnen sei in Erez-Israel, denn in der Sage heißt es:

*›Der Brunnen, der mit den Kindern Israels durch die Wüste zog, glich einem durchlöcherten Felsen ... Wer den Mirjam-Brunnen sehen will, der steige auf die höchste Spitze des Berges Karmel und schaue von dort ins Meer. Erblickt er mitten im Wasser etwas, das einem Sieb gleicht, so hat er den Mirjam-Brunnen geschaut.‹* «

Danach verteilt Herr Levental die Zutaten der Sederschüssel unter uns, nur von den Mazzes verwahrt er ein großes Stück, den *Afikoman,* als Nachtisch, der nicht vergessen werden darf, zwischen den Kissen seines Throns. Auf die anderen Mazzes deutend, spricht er: »Wer bedürftig ist und hungrig, wer heute an keiner Pessachtafel sitzen kann, komme und feiere mit uns.«

Der kleine André beginnt mit den vier Fragen. Seine Mame hat ihm heimlich die Melodie und die hebräischen Wörter beigebracht, eine Überraschung für den Tate? Von Frage zu Frage festigt sich die Kinderstimme.

*»Ma nischtanah halailah heseh m'kol...«*

Auf deutsch: Warum ist diese Nacht anders als alle anderen Nächte? – An allen anderen Abenden essen wir Brot. An diesem Abend nur Mazze.

An allen anderen Abenden essen wir verschiedene Gemüse und Kräuter. – An diesem Abend nur Bitterkräuter.

An allen anderen Abenden tauchen wir das Essen nicht ein. – An diesem Abend in *Charosset* und in Salzwasser.

An allen anderen Abenden essen wir aufrecht sitzend. – An diesem Abend nur angelehnt an die Rückenlehne unserer Stühle.

Die Fragen sind gestellt. Der Hausherr lehnt sich in seine Kissen zurück und beginnt mit der Erzählung der Pessachgeschichte. Vielleicht lassen sich danach die vier Fragen des Jüngsten in der Runde leichter beantworten.

*»Vor vielen, vielen Jahren herrschte ein böser König in Ägypten, den man Pharao nannte. Den Juden in seinem Land fügte er unermeßliches Leid zu. So ließ der König der Ägypter die neugeborenen jüdischen Knaben in den Fluß Nil werfen. Die Juden in Ägypten lebten als Sklaven und mußten Städte und Paläste für den Pharao bauen. Grausame Aufseher bewachten und mißhandelten sie. Und so flehte das Volk zum Ewigen, daß er es erlösen möge von der Knechtschaft.*

*Moses war aus Ägypten geflohen und lebte als Schafhirte in einem anderen Land. Eines Tages entlief ein Lämmchen seiner Herde. Moses eilte ihm nach und fand es an einem steilen Berghang. Hier hatte das Lämmchen eine Quelle gefunden, aus der es gierig trank. Als Moses das Tier sah, streichelte er es und sprach: ›Ich wußte nicht, daß du durstig warst, als du fortliefst, jetzt wirst du müde sein.‹ Dann nahm er das Lämmchen auf seine Schultern und trug es zurück zur Herde.*

*Da sprach der Heilige, gelobt sei sein Name: ›Deine Liebe gibt dir Kraft, die Schafe eines Menschen so fürsorg-*

*lich zu hüten, deshalb sollst du auch meinen Schafen, dem Volke Israel, Hirte sein.‹*

*Die Stimme G'ttes aber ertönte aus einem lichterloh brennenden Dornbusch, der nicht verbrannte. Und der Ewige sprach zu Moses: ›Ich habe das Elend meines Volkes in Ägypten gesehen und seine lauten Klagen gehört. Kehre nach Ägypten zurück und befreie mein Volk! Ich will euch in ein Land führen, in dem Milch und Honig fließt ... Und jetzt geh! Ich sende dich zu Pharao.‹*

*Moses ging zu Pharao und bat ihn: ›Laß mein Volk ziehen!‹*

*Aber Pharao weigerte sich und gab seinen Aufsehern Anweisung, die Juden noch härter zu behandeln.*

*Als Pharao Moses erneut abwies, schickte G'tt zehn Plagen in das Land Ägypten.*

*Das Wasser des Nils verwandelte sich in Blut. Aber Pharao sprach zu Moses: ›Nein, ich lasse euch nicht ziehen!‹*

*Da krochen überall riesengroße, ekelerregende Frösche hervor. Aber Pharao sprach: ›Nein, ich lasse euch nicht ziehen!‹*

*Am dritten Tag überzogen Stechmückenschwärme Ägypten. Aber Pharao sprach: ›Nein, ich lasse euch nicht ziehen!‹*

*Am vierten Tag überflutete ein Heer von Ungeziefer das Land. Am fünften Tag der Weigerung Pharaos befiel viele Menschen in Ägypten die Pest. Am sechsten Tag wurden die Ägypter von Eiterbeulen geplagt. Aber Pharao wollte nicht nachgeben. Am siebten Tag ging ein vernich-*

*tender Hagel über Ägypten nieder. Da ließ Pharao nach Moses schicken: ›Laß den Hagel aufhören, und ihr könnt ziehen!‹*

*Kaum hatte der Hagel aufgehört, besann sich der böse Pharao anders und sprach: ›Nein, ich lasse euch nicht ziehen!‹*

*Nun fielen Heuschreckenschwärme über das Land her und fraßen die Ernte und alles, was grünte und blühte. Die Ägypter baten Pharao, die Hebräer ziehen zu lassen. Er sandte nach Moses, dieser hob seine Hand, und die Heuschrecken verschwanden. Da verhärtete sich das Herz Pharaos abermals, und er sprach zu Moses: ›Nein, ich lasse euch nicht ziehen!‹*

*Da kam totale Finsternis über das Land, und Pharao wurde nachgiebig. Doch kaum war die Dunkelheit verschwunden, sprach er wieder zu Moses: ›Nein, ich lasse euch nicht ziehen!‹*

*Da schritt der Todesengel durch Ägypten, und alle Erstgeborenen, ob Tier oder Mensch, mußten sterben. Auch vor dem Sohn Pharaos machte der Todesengel nicht halt.. Nur die Kinder der Hebräer blieben verschont.*

*Da gab Pharao endlich nach und befahl Moses, die Juden sofort aus Ägypten zu führen. Er ließ ihnen nicht einmal Zeit, Brot für ihre lange Wanderung zu backen. Also packten sie den Teig ungebacken in ihre Reisesäcke. Die heiße Sonne trocknete den Teig, und so entstand unsere Mazze.*

*Bald schon bereute Pharao, daß er seine Sklaven freigelassen hatte, und er sandte seine Truppen hinter ihnen her.*

*Als die Kinder Israels das Rote Meer erreichten, sahen sie das gewaltige ägyptische Kriegsheer anrücken. Kleinmütig wurden nun die Wanderer, denn vor ihnen lag das riesige tiefe Meer und im Rücken bedrohten sie die schrecklichen Verfolger.*

*Da hob Moses seinen Wanderstab, und das Meer teilte sich. So gelangten die Kinder Israels trockenen Fußes durch das Meer. Aber über den Ägyptern mit Roß und Wagen schlug das Wasser wieder zusammen, und alle mußten ertrinken.*

*Die Juden jedoch waren froh, einem bösen Schicksal entronnen zu sein.*

*Und so feiern wir jedes Jahr Pessach, um uns zu erinnern an die harte Zeit der Sklaverei und den Auszug der Kinder Israels aus Ägypten, der vor Freude die Berge hüpfen und die Bäche und Flüsse singen ließ …*

Jetzt singen wir das *Avadim Hayinu!* Und dann beantworte ich Andrés vier Fragen.«

Nach dem Lied fuhr Herr Levental fort: »Wir essen Mazze, weil die Juden nur ungesäuertes Brot aus Ägypten mitnehmen konnten.

Das Bitterkraut erinnert uns an das bittere Leid, das das jüdische Volk in Ägypten erdulden mußte. Die Petersilie erinnert uns aber auch an den beginnenden Frühling. Wir tauchen die Bitterkräuter in Charosset, um uns zu erinnern an den Lehm, mit dem die Kinder Israels als Sklaven Paläste für den Pharao bauen mußten.

Wir tauchen sie dann in Salzwasser, und so erinnern wir uns an die Tränen der jüdischen Sklaven. Heute abend essen wir angelehnt und sitzen bequem, denn einst waren wir Sklaven, heute aber sind wir frei.

Doch jetzt ist es Zeit, das Festmahl zu servieren!«

Mit flinken kleinen Fingern hat André den Afikoman, jenes Stück Mazze, das der Hausherr als Nachtisch zwischen seinen Kissen verwahrt hat, geraubt. Der Hausherr muß es zurückkaufen mit Naschzeug für uns Kinder, das er *ganz* zufällig aus seinen Rocktaschen zaubert.

Jetzt öffnen wir Kinder die Haustür, um unseren großen Propheten Elias mit den Worten »Eliahu mein, komm in unser Haus herein!« einzulassen. Ich halte eine brennende Kerze in der Hand. Ein Luftzug, das Licht flackert! War das der Prophet Elias? An den Tisch zurückgekehrt, sehe ich ganz deutlich, daß Elias ein Schlückchen von seinem Wein getrunken hat.

Mit einem Lied für das jüdische Volk und dem letzten hebräischen Wunsch: »Leschana haba be' Jeruschalajim! – Nächstes Jahr in Jerusalem« endet der Sederabend in Straßburg.

Am nächsten Tag fahren wir wieder nach Hause, um im Kreis der jüdischen Gemeinde Frankfurt den zweiten Sederabend zu erleben.

# *Erez Israel*

Das Neujahr der Bäume, hebräisch *Tu Bisch'wat,* ist für die Juden in der Diaspora, für die ›in der Zerstreuung Lebenden‹, ein kleines Fest.

Meine Mutter lief vor dem Fest immer ihre Pfennigabsätze flach, um für uns seltenes Obst wie Feigen, Granatäpfel oder Datteln zu besorgen, Obstsorten, die schon seit der biblischen Zeit den Ruhm Israels begründen.

Am *Tu Bisch'wat* häuften sich dann Früchte aus dem Mittelmeerraum in der großen Obstschale im Wohnzimmer. Beim Genießen der Früchte erzählte der Tate uns gerne die Geschichte vom undankbaren Hirschen:

*»Als eines Tages die Jagdhörner ihr ›Halali‹ schmetterten und zur Hochwildjagd riefen, sahen die Jäger am Waldesrand einen kapitalen Hirsch stehen.*

*Als sie sich ihm vorsichtig näherten, sprang der Hirsch jedoch gewandt davon und versteckte sich in den dichten Büschen am Waldrand.*

*Die Jäger suchten die ganze Gegend nach dem Hirschen ab, und erst bei der beginnenden Dämmerung schickten sie sich an, ohne Beute nach Hause zu gehn.*

*Da freute sich der Hirsch und begann das schützende Laubwerk um ihn herum genüßlich abzufressen.*

*Die Blätter in seinem Mund seufzten.*

*›Was seufzt ihr so erbärmlich?‹ fragten die nun kahlgefressenen Zweige der Büsche.*

*›Wir seufzen nicht über unser Ende, sondern über das nahende Ende des Hirschen. Wenn er seine Freßsucht nicht zügelt und uns weiter in sich hineinfrißt, ist der Wald bald entlaubt und bietet dem Wild keinen Schutz mehr vor den lauernden Augen der Jäger.‹*

*Aber der Hirsch hörte nicht auf die Mahnung, sondern fraß unbekümmert weiter.*

*Plötzlich hörte ein Jäger hinter seinem Rücken ein verräterisches Knacken; er drehte sich um und sah den äsenden Hirschen, den die kahlen, abgefressenen Zweige nicht mehr schützen konnten. Der Jäger legte sein Gewehr an, schoß und traf den Hirschen tödlich.*

*Als der Jäger zu dem sterbenden Hirsch kam, hörte er ihn mit gebrochener Stimme klagen: ›Recht geschieht mir Undankbarem. Ich wollte nicht auf die Warnung der Blätter hören, so kam ich ins Unglück, weil ich Gutes mit Bösem vergolten habe!‹ «*

Es war im Jahr 1955, als ich in den Tagen nach Tu Bisch'wat einen Brief erhielt:

*Liebe Goldene,*
*ich bin gut in Erez Israel angekommen.*

*Die ersten beiden Wochen habe ich im Gästehaus des Kibbuz Dalia gewohnt, in den Bergen Ephraim. Dieses Siedlerkollektiv wurde um 1937 von verfolgten rumänischen und deutschen Juden gegründet.*

*Die Menschen, die im Kibbuz leben, nennen sich Kibbuzniks.*

*Heute stehen hier in Dalia hauptsächlich Apfelbäume; Getreide wird angebaut und an den Schäfchen hättest Du gewiß Deine Freude.*

*Außerdem ist das Kibbuz durch die Herstellung seiner präzisen Wasseruhren im ganzen Land ein Begriff.*

*Ein Kibbuznik erhält für seine Arbeit kein Geld, alle sind gleich, egal welche Aufgabe einer in der Siedlergemeinschaft erfüllt. Für die Bedürfnisse wie Kleidung, Wohnung und Essen wird so gesorgt, daß alle gleich viel haben. Gegessen wird übrigens in einem riesigen Speisesaal, in dem auch die Kibbuzversammlungen abgehalten werden. In den Versammlungen wird über »Freid und Zores« im Kibbuz sowie über Neuanschaffungen, Anbau und vieles andere leidenschaftlich diskutiert und gemeinsam beschlossen. Theater- und Musikaufführungen finden statt, Tanzgruppen treten auf und Filme werden gezeigt – also eine echte Knesset, ein Ort der Versammlung.*

*Jetzt wo ich Dir schreib', sitze ich in Naharia auf einer Hotelterrasse mit Blick aufs offene Meer.*

*Das Wetter is a so schejn.*

*Die Sonne spiegelt ihre Abendröte im unendlich erscheinenden Meer, und jetzt ertrinkt sie bei dem Versuch, ihre Schönheit zu dicht in dem blauen Zauberspiegel zu bewundern.*

*Das salzige Wasser des Meeres wäscht ihr nun das abendliche, flammendrote Make-up vom Ponim, dem Gesicht, und gibt sie morgen früh goldgelb wieder frei.*

*Dann wird sie strahlen vom blauen Himmel, an dem manchmal weiße Zuckerwattewolken wandern.*

*Heute war Tu Be'schwat, das ist ein großes Fest hier in Israel. Kinder und Jugendliche – die meisten von ihnen sind schon in dem jungen Land Israel geboren, also echte Sabres – ziehen mit fliegenden Fahnen und Trommeln durch die Straßen hinaus ins Freie. Manche rollen auch leere Blechfässer vor sich her und machen damit einen höllischen Lärm.*

*An vorbereiteten Stellen setzen sie unter Liedern und feierlichen Reden Stecklinge, kleine Bäume in den Boden.*

*Natürlich dürfen sich auch die Erwachsenen an der Bepflanzung beteiligen, und so hat Dein alter Seide heute auch für seine Goldene ein klein Beimle in Erez Israel gepflanzt. Damit Du es finden kannst, wenn Du mal nach Israel kommst, hat es eine Nummer, die auf dem Certificate des Jewish National Fund steht, das ich Dir mitschicke.*

*Es zupft Dich an Deiner Nos und kuscht Dich*

*Dein Seide*

*PS. Weißt Du, was das Wort ›Sabre‹ bedeutet?*

*Sabre ist ein sehr stachliger Kaktus mit sehr süßem Fruchtfleisch unter der stachligen Schale. So sind die Kinder hier in Israel. Vielleicht auch in Frankfurt?*

Der Seide kam von seinem Israelbesuch über Frankfurt, bevor er nach Amerika weiterflog. Braungebrannt, heiter und gesprächig, voll von

*Bahnhof in Palästina vor der Staatsgründung Israels, zu der Zeit, in der die Kibbuzim gegründet wurden*

allem Erlebten, saß er im Wohnzimmer, und wir hingen neugierig an seinen Lippen.

»Ej, ich habe einen Frühling erleben dürfen in Israel, das glaubt ihr nicht. Über Nacht explodiert die Natur. Hunderte von Farben drängeln sich, um den Schönheitswettbewerb der Blumen zu gewinnen.

Die Vögel stimmen an a Gezwitscher, als wären alle über Nacht meschugge geworden vor Glück, daß die Sonne jetzt wieder mit lebensspendender Wärme strahlt.

*Sumerfeigele,* Schmetterlinge, entpuppen sich mühevoll und ruhen nach dieser Anstrengung schaukelnd auf Blumen, die den Tag zuvor noch in der schützenden Erde verschlafen hatten. Bienensummen erfüllt plötzlich die Luft, als hätten die Bienendamen alle auf einmal von einer einmaligen Mezie, einem Sonderangebot für Nektar, erfahren.

Die Menschen werfen nach und nach ihre wärmende Kleidung ab, um sich in leichten farbenfrohen Kleidungsstücken diesem Schauspiel anzupassen.

Farben werden verrührt, um die kleinen Häuser im Kibbuz nicht so schmucklos grau in der aufbrechenden Natur zu belassen.

Bettzeug und Teppiche werden zum Lüften oder besser zum Sonnen aus ihrem winterlichen Muff ins Freie gezerrt.

Da hab' ich gespürt die verheißenden Worte, ›*Erez sawat chalaw u dewasch*‹: das Land, in dem Milch und Honig fließt.

Aber meine Goldene, was red' ich wie eine sprudelnde Quelle und geb' dir nicht mein Geschenk. Na wo hab' ich es versteckt?«

Ich lief zu den Koffern, aber da war es ›ganz kalt‹. Je näher ich zum Seide kam, desto ›wärmer‹ wurde es, und am Seide war es ›heiß‹. Der Seide tat, als sei er furchtbar kitzlig. Als ich ihn suchend abklopfte, brachte er uns mit seinem Gekicher alle zum Lachen, aber bald spürte ich in der obersten Brusttasche seines Jacketts etwas Viereckiges, Hartes. »Jetzt hast du dich verbrannt«, alberte der Seide.

Ich zog ein kleines Kästchen, eingeschlagen in weißblaues Geschenkpapier, aus seinem Versteck.

»Oh, die Farben der israelischen Fahne«, jubelte ich und roch scherzhaft am Papier: »Riecht nach Milch und Honig!«

Vorsichtig entkleidete ich das Schächtelchen, um das Papier nicht zu beschädigen; langsam hob ich den Deckel, und golden lag auf gelber Watte ein Kettchen mit einem sechszackigen Stern.

»Ein Davidstern«, staunte meine Mutter, die neugierig über meine Schultern äugte.

»Gold für die Goldene«, erläuterte der Seide. »Der *Magen David,* die zwei ineinander verschlungenen Dreiecke, äußerliches Zeichen des Judentums, seit 1948 auf der Flagge des Staates Israel. Die Zahl sechs ist das Symbol für die schöpferische Macht des Ewigen, die das Chaos bannt und so das Leben schafft.«

Meine Erna zog mir die Kette an, und ich spürte, wie die fremde Kälte aus dem Stern wich und er warm wurde wie meine Haut.

Voll Glück sang ich das Lied *David Melech Israel,* David, König von Israel.

Mein Tate stimmte mit ein, und dann begann er im Ton eines Marktschreiers:

»David, der große jiddische König!

Eroberer Jeruschalajims!

David, der die Bundeslade in seine Hauptstadt führte, in der die beiden steinernen Gesetzestafeln mit den Zehn Geboten aufbewahrt waren, die Moses auf dem Berg Sinai als Zeichen des Bundes zwischen unserem Volk und Jahwe, dem Ewigen, empfangen hatte. So erhob David Jerusalem zum Mittelpunkt des Judentums!

Als Wappentier wählte David den Löwen für das Königreich Juda.«

Der Seide gab sich den ernsten Gesichtsausdruck eines überanstrengten Talmudschülers: »Denn in der Tora steht: ›Ein junger Löwe ist Juda‹, und weiter steht geschrieben: ›wer wagt, ihn zu scheuchen?‹«

Die Mame mischte sich munter ein: »Ja, aber nicht nur ein Krieger war der *Melech David,* sondern auch ein Dichter und Sänger: ›Herr, ich will Dir danken aus vollem Herzen, Dir von Engeln singen und spielen.‹«

»Ja, Trudelchen, unsere Literaturkennerin, liebt die Psalmen Davids«, bemerkte mein Tate stolz zum Seide und fuhr, zu mir gewandt, fort:

»Also, mit David war das so: Als der Ewige Davids Seele schuf, hörte Jahwe auf das Blasen des Windes, das Raunen der Wälder, das Plätschern des Wassers und auf das Gezwitscher der Vögel. So durchdrangen die schönen Künste der Musik und der Dichtung Davids Seele.

Über Davids Wiege hing eine Harfe, in der sich nachts der Wind verfing, und das Instrument begann zu klingen und spielte so dem lauschenden Kind himmlische Weisen vor.«

»Aber auch für euer *jiddisches Heisel* hab ich etwas mitgebracht« – mit diesen Worten holte der Seide ein Päckchen aus dem großen Koffer. Ein Kochbuch mit jüdischen und israelischen Gerichten in deutscher Sprache, das er der Mame reichte.

»Das hab' ich in Naharia gekauft. Eine schöne kleine Stadt am Meer, gegründet von deutsch-jüdischen Einwanderern. Auf den Straßen und in den Geschäften ist auch heute noch mehr Deutsch als Hebräisch zu hören.«

Meinem Tate übergab der Seide ein anderes Päckchen. »Ej, das ist aber schwer«, bemerkte der Tate beim Auspacken, und dann lagen mehrere viereckige, ungefähr mittelfingerlange Metallhülsen vor ihm.

»*Mesusot* für eure Türen, besonders schön, mit Filigranarbeit aus Jeruschalajim.«

»Was ist das, Me …?« fragte ich den Seide.

»Sieh, Goldene, in jeder *Mesusa* steckt ein handbeschriebener Pergamentstreifen mit den Worten aus dem fünften Buch Mose: ›Höre, Israel, der Herr ist unser G'tt, der Herr allein. Und du sollst den Herrn, deinen G'tt lieben von ganzem Herzen, von ganzer Seele und mit all deiner Kraft.‹ Die Mesusa bringt der Jude mit Nägeln an der rechten Innenseite seiner Türpfosten in Augenhöhe an.«

»Jankel – aber doch nicht an jeder!« protestierte die Mame.

»Eigentlich schon«, versuchte der Seide und zog verlegen die Schultern hoch.

»Also gut, gegen eine an der Wohnzimmertür habe ich nichts einzuwenden, nein, es freut mich sogar sehr«, entschied die Mame.

»Und vor meinem Zimmer, bitte«, warf ich ein.

»Gut, so wird es gemacht«, einigten sich die Männer. Sie holten ihre Käppchen, Nägel und einen Hammer, und während der Seide einen hebräischen Lobspruch intonierte, nagelte der Tate unter den prüfenden Blicken der Frauen die zwei Mesusot an, vorschriftsmäßig schräg nach innen zur Tür.

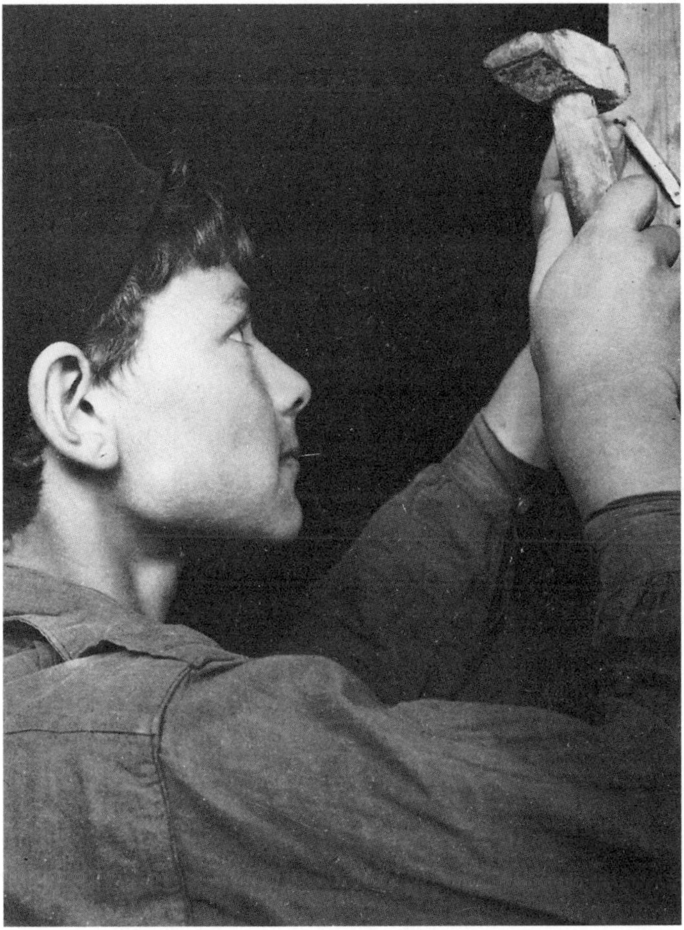

*Ein frommer Junge nagelt eine Mesusa neben die Tür*

Am Abend in meinem Bett nahm ich den Davidstern in die Hand – ich hatte mich natürlich geweigert, ihn abzulegen – und schlief selig ein.

Wie oft hatte ich neidisch die Kreuze an den Kettchen meiner Klassenkameradinnen bestaunt. Fast alle Mädchen in meiner Klasse hatten zu ihrer Einschulung eines geschenkt bekommen; aber jetzt hatte ich und nur ich in meiner Schule den *Magen David* und an meiner Tür die Mesusa.

# *Verzeichnis hebräischer und jiddischer Ausdrücke*

Worte, die für das Verständnis der jüdischen Tradition und des jüdischen Festtagslebens wichtig sind, werden im Text – zum Teil ausführlich – erläutert. Sie erscheinen dort in *Kursiv*schrift, so daß man sie auf den angegebenen Seiten leicht finden kann.


*Afikoman* → *Mazze* 123
*Aron ha-Kodesch* → Tora-Schrein 32
*Bar-Mizwa* Aufnahme der Jungen in die Gemeinde, ähnlich wie Konfirmation 72
*benschen* segnen 16
*Berches* → Sabbat-Weißbrot 12
*Bima* Lesepult in der → Synagoge 33, 74
*Chanukka* »Einweihung«: Lichterfest zur Weihnachtszeit 81, 85 ff.
*Chanukkageld* 82, 88
*Charosset* → Pessach-Süßspeise 117 f., 123, 127
*Chassiden (Chassidim)* Juden in Osteuropa, die mehr von fröhlicher Frömmigkeit als von religiöser Gelehrsamkeit hielten 79
*Chomez* aus Sauerteig Gebackenes 113 ff.
*Erew Jom Kippur* Vorabend des → Jom Kippur-Festes 38
*Erez Israel* »Land Israel« → Israel als das (gelobte) Land der Juden 46, 130 ff.
*Haggada* (Mehrzahl: *Haggadot*) Buch mit der → Pessach-Erzählung, in dem auch die Pessachbräuche aufgezeichnet sind 120
*Hamantaschn* → Purim-Gebäck 103
*Holocaust* Bezeichnung für die Ermordung und Ausrottung der europäischen Juden durch Nazideutschland 55
*Hora* Tanz der Juden Osteuropas 78
*Hoschana rabba* Abschlußtag des → Laubhüttenfestes 63 f.
*Jidden* nannten sich die Juden Osteuropas und nennen sich die von dort stammenden Juden oft heute noch; *Jiddisch* ist ihre mit

dem Deutschen nahe verwandte Sprache 57 ff., 76
*Jom Kippur* Versöhnungstag 35 ff.,
*Kantor* Vorsänger in der → Synagoge 38
*Kibbuz* (Mehrzahl: *Kibbuzim*) jüdische Pioniersiedlungen in Palästina/Israel 130 ff.
*Kiddusch* Segen 16, 122
*koscher* rituell rein 51 f.
*Latkes* → Chanukka-Gebäck 86
*Laubhüttenfest (Sukkot)* 42 ff.
*Lulaw* Feststrauß zum → Laubhüttenfest 44, 63 f.
*Magen David* Davidstern 135 f., 140
*Mame* jiddisch: Mutter 7
*Masel* hebräisch-jiddisch für »Glück« 90
*Mazze* (Mehrzahl: *Mazzes* oder *Mazzot*) ungesäuertes (→ Pessach-) Brot 116 f., 119 f., 123, 127
*Megilla Esther* »Rolle Esther« – das Buch, das am → Purim-Fest vorgelesen wird 103
*Menora* der siebenarmige Leuchter 87 ff.
*meschugge* jiddisch: »verrückt« 91
*Mesusa* (Mehrzahl: Mesusot) Kapsel mit Schriftstreifen, auf denen das »Höre, Israel« (→ Sch'ma Israel) steht. Fromme Juden heften sie an den Pfosten jeder Tür in ihrer Wohnung 138
*Minjen* »Zahl«: Gemeinschaftsgebet von mindestens zehn Männern 58
*Ner-Tamid* das ewige Licht in der → Synagoge 32
*Nissim* Wunder 78 f.
*Nitlnacht* jiddische Bezeichnung für die christliche Weihnacht 92
*Peiges* Schläfenlocken frommer Juden 57
*Pessach* jüdisches Osterfest zur Erinnerung an den Auszug aus Ägypten 113 ff.
*Pogrom* antijüdische Ausschreitung, wie zum Beispiel am 9. November 1938 in Deutschland 69
*Purim* Losfest 96 ff.
*Purimspiel* 104 ff.
*Rabbi, Rabbiner* (jiddisch: *Rebbe*, seine Frau ist die *Rebbitzin*) »Lehrer«, geistliche Autoritätsperson in einer jüdischen Gemeinde 68, 70

*Reb* jiddische Anrede: Herr 57 ff.
*Rosch Haschana* jüdischer Neujahrstag 35, 40
*Sabbat* jüdischer Ruhetag am Samstag 12 ff.
*Sabre* »Kaktusfrüchtchen«: in Israel geborene Kinder jüdischer Einwanderer 132
*Schächten* rituelles Schlachten 52
*Schalom* »Frieden!« (Grußwort) 28
*schiker* jiddisch: betrunken 110
*Schlachmones* Gaben 103, 110
*Sch'ma Israel* »Höre, Israel«: jüdisches Glaubensbekenntnis 41
*Schofar* Widderhorn, das an → Rosch Haschana und → Jom Kippur geblasen wird 35 ff.
*Sederabende* die Abende des → Pessach-Festes 113 ff.
*Sedertafel* 113, 118 f.
*Seide* Großvater 7, 62
*Simchat-Tora* Fest der → Tora-Freuden 68, 74
– Simchat-Tora-Fahne 73
– Simchat-Tora-Umzug 74
*Stetl* »Städtchen«: die untergegangenen jüdischen Gemeinden in Osteuropa 8, 58, 69 ff.
*Sukka* (Mehrzahl: *Sukkot*) Laubhütte; Sukkot ist auch der hebräische Name für das → Laubhüttenfest 42 ff.
*Synagoge* Versammlungsraum einer jüdischen Gemeinde 26 ff.
*Tallit* Gebetsmantel 53
*Talmud* neben der Bibel wichtigste religiöse Schrift der Juden 20
*Tate* jiddisch: Vater 7
*Tefillin* Gebetsriemen 63
*Tora* »Lehre«: die fünf Bücher Mose, das Kernstück der jüdischen heiligen Schriften. Die Tora wird, auf Rollen geschrieben, in der Synagoge aufbewahrt 29, 32, 33 f., 68, 74
*treideln* Kreiselspiel an → Chanukka 88
*Tu Bisch'wat* »Neujahr der Bäume«: Erntedankfest in Israel 129 f.